눈물을 심어본 적 있는 당신에게

눈물을 심어본 적 있는 당신에게

이주혜 산문

에트르

프롤로그 이야기의 코

 이렇게 시작해볼까? 당신은 늦은 밤 어둑한 골목길을 걷고 있다. 이따금 가로등이 켜져 있지만 대체로 어둑한 그늘이 고여 있는 곳, 당신의 걸음을 감지한 어느 집 외등이 반짝하고 켜질 때야 비로소 담장 위에서 느긋하게 쉬는 고양이와 눈을 마주치게 되는 그런 곳이다. 계절은 언제가 좋을까? 초여름으로 하자. 외등이 켜지면서 그 집 담장 밖으로 고개를 내민 주황색 능소화를 비춰준다면 당신의 마음에도 잠시 환한 불이 켜질 것이다.
 자, 다시 시작해보자. 당신은 초여름의 늦은 밤 어둑한 골목길을 걷고 있다. 발걸음은 조금 무거울지도 모르겠다. 오늘 당신은 지쳤다. 낮에 누군가 아무렇지 않은 표정으로 당신의 마음을 쓱 할퀴고 지나갔다. 혹은 꽤 오랫동안 공들여왔던 어떤 일의 귀퉁이가 하릴없이 무너져내렸다. 이렇듯 삶은 이따금 우발적으로 손톱을 드러내고 당신은 속수무책의 상태가 되어 집으로 가는 길을 무겁게 밟고 있다. 늘 걷던 길에서 당신은 새삼스러운 감정을 느낀다. 당신은 외롭다.

고개를 숙이고 걷느라 모퉁이를 잘못 꺾어 들어간 걸까? 고래 배 속처럼 복잡한 골목길 어디쯤에서 당신은 길을 잃는다. 늘 다니던 길과 비슷하지만 어쩐지 낯선 길에 접어들었음을 깨달은 순간 저만치 뭔가 어른거린다. 그것은 크고 환한 빛이다. 당신은 눈을 갸름하게 뜨고 그 빛 덩어리를 향해 다가간다. 또 다른 모퉁이에 골목 쪽으로 전면 유리창을 낸 집이 있다. 빛은 그 유리창을 통해 밖으로 쏟아져 나오는 실내조명이다. 형광등의 시푸른 빛은 아니고 그보다는 미색에 오렌지빛이 아른아른하게 섞인 따스한 빛이다. 당신이 서 있는 어둠의 자리에서 밝은 빛으로 가득한 실내는 무대처럼 보인다. 놀랍게도 그 무대 위에 사람들이 둘러앉아 뜨개질을 하고 있다. 이 시간, 이 계절에 말이다. 당신은 홀린 듯 문을 열고 그 빛 속으로 걸어 들어간다.

그리 넓지 않은 공간은 두 군데 벽에 털실이 빼곡하게 정리된 수납장이 놓여 있어 더 좁아 보인다. 색깔별로 질감별로 가지런히 정리된 털실 수납장은 도서관 서고를 연상시킨다. 가구가 놓이지 않은 한쪽 벽에 뜨개질 작품들이 미술관 전시물처럼 각자 핀 조명을 받으며 걸려 있다. 당신은 관람객이 되어 그 벽 앞에 선다. 작품들은 어딘가 조금씩 독특하다. 처음부터 끝까지 뜨개질로 완성한 색동저고리와 분홍 치마 한복이 있는가 하면, 캉캉 드레스와 치파오도 걸려 있다. 양 소매의 길이가 확연히 다른 셔츠가 있고 가느다란 실로 짠 무지개 무늬 넥타이도 함께 걸려 있다. 당신은 묘한 전시품들 앞에 붙박인 듯 서 있다.

오셨어요?

반백의 머리카락을 짧게 자른 산뜻한 인상의 중년 여성이 말을 건다. 그이는 이 뜨개방의 주인이자 뜨개질 선생님으로 보인다. 주인 옆으로 나란히 앉은 두 사람이 고개를 들고 당신을 쳐다본다. 주인이 앉은 채로 궁둥이를 끌며 시계 반대 방향으로 움직이자 나머지 두 사람도 같은 방향으로 움직인다. 어느새 당신이 앉을 자리가 생긴다. 놀랍게도 세 사람은 당신을 위해 자리를 내주는 와중에도 각자 손에 든 대바늘이나 코바늘을 멈추지 않고 계속 뜨개질을 한다. 그들의 대바늘이나 코바늘은 손가락의 연장 기관처럼 보인다. 당신은 '내가 왜 이러고 있지?' 생각하면서도 아무렇지 않은 척 세 사람이 내준 자리에 앉는다. 주인이 다시 말을 잇는다.

뭘 뜨고 싶으셔?

살면서 한 번도 생각해보지 않은 문제다. 당신은 무엇을 뜨고 싶은가? 당신은 두 수강생을 흘낏 본다. 한 사람은 대바늘로 옷을(길쭉한 소매가 있으니 상의일 것이다) 뜨는 중이고 또 한 사람은 코바늘로 가방으로도 모자로도 보일 수 있는 어떤 것의 둥근 '몸통'을 뜨고 있다. 뜨개방 주인은 당신에게 뜨개질을 할 수 있는지, 해본 적은 있는지를 묻지 않았다. 그저 뭘 뜨고 싶으냐고 물었을 뿐이다.

이 여름밤 골목길에서 길을 잃고 난데없이 한밤의 뜨개방과 마주치기 전 당신은 뜨개질에 관해 한 번도 생각해본 적이 없다. 하지만 주인이 "뭘 뜨고 싶으셔?"라고 묻자마자 당신에게 낯선 선호가 발생한다. 순식간에 어떤 찬 기운이 당신의 뺨에 훅 입김을 불어온다. 그것은 눈발이 섞인 겨울바람. 호주머니에 양손을 찔러넣고 어깨를 옹송그리고 걸어가는 겨울 광화문 거리의 쌀쌀맞음. 당신은 흰 눈이 펑펑 내리는 겨울밤, 서둘러 버스정류장으로 향하는 당신의 모습을 상상한다. 종일 사무실 책상 앞에 앉아 밀린 일을 처리하느라 뻣뻣하게 굳어버린 어깨를 풀어볼 생각도 못하고 버스를 놓칠세라 조급한 마음으로 종종걸음을 치고 있다. 그런 당신의 목에 따뜻한 목도리를 둘러주고 싶다. 이왕이면 빨간색이 좋겠다. 복잡한 꽈배기 무늬를 넣어 풍성하게 부풀어오른 목도리라면 더 좋겠다.

그 포근하고도 풍성한 목도리 아래서 잠시 어깨의 힘을 풀고 버스정류장으로 걸어가는 당신의 모습을 떠올리자마자 손끝이 간질간질해진다. 빨리 바늘과 실을 쥐고 싶다. 어서 뜨개방 무대에 올라 저 낯선 이들과 함께 뜨개질이라는 행위예술을 수행하고 싶다. 이렇게 당신은 유난히 발걸음이 무거웠던 어느 여름밤 귀갓길에 5밀리 대바늘과 메리노울 100% 붉은색 털실로 꽈배기 무늬가 세 줄 들어가는 목도리를 뜨기 시작한다.

우리는 한밤의 뜨개방에서 처음 만났다.

당신은 뜨개방 주인의 도움을 받으며 대바늘에 코를 잡기 시작한다. 콧수를 헷갈리지 않으려고 입 모양으로만 숫자를 세며 골몰하는 당신의 살짝 찌푸린 미간이 조금 귀엽다고 나는 생각한다. (그러느라 정작 나는 코 하나를 빠뜨렸고 몇 단이나 더 뜬 후에야 그 사실을 깨닫는 바람에 한참을 풀고 다시 떠야 했다.) 코를 잡았다가 풀었다가 다섯 번 넘게 반복하고 이제 5센티미터 넘게 뜨게 되었을 때 비로소 당신은 어깨의 힘을 풀고 조금 느긋해진다. 분위기가 조금 편안해진 걸 감지한 뜨개방 주인이 말을 시작한다.

그래서, 그 파란 대문집 둘째 딸이 뭐라고 했다고?

당신이 들어오기 전 우리는 평소처럼 손을 일정하게 움직이며 이야기를 나누고 있었다. 이야기는 언제나 부드러운 메리노울 100% 털실처럼 끊어질 듯 끊이지 않고 이어졌다. 예를 들면 누가 얼마 전 커피를 끊고 홍차를 마시기 시작했는데 찻잎의 종류와 수색과 차향이 다양해 아직 입문 단계인데도 새롭게 알아가는 재미가 쏠쏠하다는 이야기를 꺼냈고, 그러자 또 누가 지난 계절 제주도 차밭에 놀러 갔다가 고등학교 동창을 마주쳤는데 세상이 생각보다 얼마나 좁은지 모르겠다는 이야기로 이었다. 그러다 자연스럽게 학창 시절 제일 좋아했던 과목과 싫어했던 과목 이야기로 넘어갔고, 그 시절 야만에 가까웠던 교실의 분위기와 폭력이라고밖에는 말할 수 없는 일부 교사들의 행태로 대화가 들끓었다. 이윽고 동네 터줏대감 격인 파란 대문집 둘째 딸이 고등학교에 다니던 때 어느 교사에게 대들었다가 심하게 두들겨 맞고 그 부모가 교육청에 진정을 넣어서 한동안 학교 주변과 동네가 시끌시끌했다는 오래전 이야기가 끌려 나온 참이었다.

뜨개방 주인이 당신이 끼어 앉은 후로 그 이야기의 코를 다시 이어가려고 말을 꺼냈지만 어쩐지 방금까지 무슨 이야기를 나누고 있었는지 구체적으로 기억하는 사람은 없어 보인다. 아니, 기억하는 사람이 있더라도 아무 일도 없었던 것처럼 천연덕스럽게 이야기를 이어갈 주변머리가 없는 것일지도 모르겠다. 어쨌든 그 이야기의 유통기한은 끝난 것 같다. 잠시 어색한 침묵이 지나간다. 누군가 창밖의 어둠을 흘낏 보며 무심한 척 말한다. 여름이네. 그러자 또 다른 사람이 같은 어둠을 보고 덧붙인다. 밤이네. 여름이고 밤이네. 우리 네 사람은 풋 하고 웃음을 터뜨린다. 하나 마나 한 말을 할 때 사람은 의외로 즐겁다.

잊지 말자. 당신은 그렇게 우리가 되었고 무수한 여름 밤을 함께 보낼 것이다. 그 시간을 함께 통과하면서 나는 당신이 상사의 터무니없는 짜증을 받아주어야 할 때마다 광화문 한복판에 있는 회사 건물 옥상에 올라가 까마득한 저 아래 지나가는 자동차 행렬을 향해 쌍욕을 실컷 내지르고 사무실로 돌아온다는 사실을 알게 될 것이다. 당신은 뜨개방 주인의 아버지가 개성에 처자식을 두고 혼자 월남한 실향민이라 설마다 만두를 빚으며 울어대는 통에 눈물 젖은 빵이 아니라 눈물 젖은 만두가 가족만 아는 농담이 되어버렸다는 이야기를 듣게 될 것이다. 누가 선물로 받은 와인이라도 들고 온 날이면 종이컵에 와인을 나눠 마시고 각자의 첫사랑 이야기를 적당히 지어내다가 유난히 취한 두 사람이 가게 밖으로 나가 폭포처럼 쏟아지는 가로등 조명 아래서 서투른 왈츠를 추기도 할 것이다. 누가 뜨개질 작품을 완성한 날이면 자기 바늘을 내려놓고 그 사람의 작품을 번갈아 몸에 걸쳐 보면서 이건 완전 내 거네, 무슨 소리야 나한테 찰떡인데, 옥신각신할 것이다. 밤새 폭우가 내렸던 밤에는 누구도 집에 돌아갈 엄두가 나지 않아 그대로 꼴딱 밤을 지새우고서 동이 트고 날이 갠 다음 가게 밖으로 나왔을 때 바깥세상의 시간이 하룻밤 사이에 50년이나 훌쩍 지나버렸음을 깨닫고 경악할 것이다. (믿을 수 없다고? 당신, 그 무수한 밤을 함께 보내면서 우리는 그 어떤 일도 우리의 믿음과 예상을 훌쩍 뛰어넘어 우리 앞에 당도할 수 있음을 배우지 않았던가.)

그렇게 수많은 여름밤을 지내며 각자의 뜨개질 작품을 완성해나가는 동안 털실처럼 끊어질 듯 끊어지지 않고 이어진 이야기들도 보이지 않는 바늘에 꿰여 어떤 작품으로 완성될 것이다. 그 작품의 재료는 각자의 사정, 각자의 기억, 각자의 꿈. 누구의 선호, 누구의 울분, 누구의 다행. 아무의 한마디, 아무의 눈물, 아무의 시선. 잡힐 듯 잡히지 않는 이 재료들로 촘촘히 떠 내려간 커다란 하나의 이야기는 '여름밤'이라는 제목의 책 한 권이 되어줄 것이다. 그 책 속에는 혼자 있을 때는 몰랐으나 함께한 후로 알게 되었고, 다시는 몰랐던 시절로 돌아갈 수 없는 어떤 이야기가 담겨 있을 것이다.

자, 그러니 당신, 다시 바늘을 집어 들길. 오늘 당신이 시작한 뜨개질이 다가올 어느 겨울밤을 위한 대책이자 선물이듯 우리가 새로이 시작할 또 다른 이야기의 뜨개질은 지금보다는 덜 외롭고 쓸쓸한 다가올 시간 속의 우리를 위한 일이어야 한다. 코를 빠뜨리면 풀고 다시 뜨면 되고 무늬가 틀렸다면 새로운 무늬라고 우기면 된다. 짜증이 나거든 잠시 창밖의 어둠을 보고 한마디 해보자. 여름이네. 밤이네. 여름이고 밤이네. 그래도 마음이 가라앉지 않는다면 각자 좋아하는 것들의 이야기를 나눠보자. 그러면 기분이 조금 나아질 테니까. 무슨 말부터 해야 할지 잘 모르겠다고? 그럼, 내가 먼저 시작해볼까? 당신은 바늘 쥔 손을 멈추지 말고 내 이야기에 귀를 기울이길. 내가 좋아하게 된 것들, 몰랐으나 어느새 알게 되었고, 다시는 몰랐던 시절로 돌아갈 수 없게 되었으며, 지금의 나를 완성하는 하나의 조각이 되어버린 이야기들을 끊길 듯 끊기지 않는 털실처럼 찬찬히 풀어내볼 테니.

차례

5   프롤로그 이야기의 코

1부   눈물은 떨어지지만 동시에 심어진다

18   눈물을 심어본 적 있는 당신에게
46   조명의 책무에 대하여
54   내 손이 당신의 얼굴을 건져내길
60   수모의 공동체는 어떤 방언을 쓰는가
70   기억을 안고 걸었다
78   이름에게
86   어머니 내게 송곳니를 심어주었네
94   악몽의 계보

2부   언어가 없는 곳에 빛을 비추는 사람

108   고통을 피우다
122   빛의 언어를 찾아서
136   엄마가 된 여자는 모두 쓰는 사람이다
150   손전등 하나의 역할을 통해
164   정체성 찾기가 요구하는 대가
178   순환하는 돌봄에 관하여
190   희생양은 우연히 만들어지지 않는다
200   전복의 목적

1부

눈물은 떨어지지만 동시에 심어진다

눈물을 심어본 적 있는 당신에게

당신에게 주고 싶은 것을 고른다. 여름이니까. 밤이니까. 여름밤이니까. 선물의 조건은 당신을 웃게 할 것. 잠시나마 당신을 즐겁게 할 것. 그 조건에 골몰하느라 나는 웃지 못한다. 창밖의 어둠을 본다. 거기 둥글고 푸른 잎을 무성하게 매단 목련나무가 서 있다. 우리는 지난봄 흰 꽃들의 비상을 목격했다. 잠시 후 하릴없는 추락도 보았다. 과연 추락하는 것들에는 날개가 있었다. 채 떨어지지 못한 것들은 그새 단단하고 길쭉한 열매를 맺더니 여름 내내 나무 아래 앉은 우리의 어깨를 때리며 떨어졌다. 목련이었고 목련이며 언제고 목련으로 순환할 그것을 물끄러미 바라보다 나는 떨어지는 것들의 이미지를 생각한다. 그리고 언젠가 마음 한 귀퉁이에 슬쩍 심어놓은 시 한 편을 꺼낸다. 그래, 이것으로 해야겠어. 나는 당신에게 시 한 편을 주고 싶다.

세스티나

9월의 비가 집 위로 떨어진다.
희미해지는 빛 속에서, 나이 든 할머니가
아이와 부엌에 앉아
리틀 마블 난롯가에서,
책력의 농담을 읽으며,

눈물을 감추려고 웃고 말한다.

그녀는 생각한다, 추분의 눈물과
집 지붕을 때리는 비는
둘 다 책력에 예언되어 있지만,
오직 할머니들만 안다고.
쇠주전자가 난로 위에서 노래한다.
그녀는 빵을 자르며 아이에게 말한다,

이제 차를 마실 시간이란다. 그러나 아이는
찻주전자의 작고 단단한 눈물이
뜨거운 검정 난로 위에서 미친 듯이 춤추는 것을 지켜보
고 있다.
비도 집 위에서 저리 춤추고 있겠지.
주변을 정리하며, 나이 든 할머니가
똑똑한 책력을

끈 위에 걸어둔다. 새처럼, 책력은
한가운데가 열린 채 아이 위를 떠다니고,
나이 든 할머니와 진한 갈색 눈물로 가득한
할머니의 찻잔 위를 떠다닌다.
그녀는 흠칫 몸을 떨며 집이 쌀쌀하다고

생각한다. 그리고 난로에 장작을 더 넣는다.

그렇게 될 일이었어, 마블 난로가 말한다.
나는 내가 아는 걸 알아, 책력이 말한다.
아이는 크레용으로 견고한 집을 그린다
구불구불한 오솔길도. 이윽고 아이는
눈물 같은 단추를 단 남자를 그려 넣고
자랑스레 할머니에게 보여준다.

그러나 할머니가 난로를 살피느라
분주할 동안, 아무도 모르게,
작은 달들이 눈물처럼 떨어진다
책력의 책장 사이에서
아이가 집 앞에 꼼꼼하게
그려놓은 꽃밭 위로.

눈물을 심을 시간이란다, 책력이 말한다.
할머니는 신묘한 난로에 맞춰 노래하고
아이는 수수께끼 같은 집을 하나 더 그린다.

미국 시인 엘리자베스 비숍(1911-1979)이 마흔다섯에

《뉴요커》(1956년 9월 15일 자)에 발표한 이 시에는 '눈물'이라는 단어가 일곱 번 나온다. 비숍은 생후 8개월에 아버지를 병으로 잃고 이후 정신질환에 시달리는 어머니와 단둘이 살다가 어머니마저 정신병원에 장기 입원하게 되면서 다섯 살에 외가인 캐나다 노바스코샤로 간다. 노바스코샤는 어린 나이에 부모와 집을 잃고 평생 자신의 장소를 찾아 여러 대륙을 헤맸던 비숍에게 마음의 고향으로 자리 잡는다. 노바스코샤 그레이트 빌리지라는 작은 마을에서 외조부모와 이모들과 함께 살던 비숍은 여섯 살에 상대적으로 부유했고 은근히 외가를 무시했던 친가 쪽 할아버지에 의해 강제로 매사추세츠 우스터로 보내진다. 비숍은 어린 시절의 이 일을 '유괴'라고 표현했고 단편소설 〈시골 쥐〉에 이때의 심정을 자세히 묘사하고 있다.

비숍은 〈세스티나(Sestina)〉*에서 어머니를 잃고 노바스코샤로 보내진 어린 자신과 할머니의 슬픔을 담담하게 그려냈다. 이 슬픔은 낙하의 이미지와 함께 표현된다. 추분의 눈물인 9월의 비는 집 위로 떨어지고, 리틀 마블 난로를 피웠는데도 집 안의 기온은 떨어지며, 새처럼 아이의 머리 위를 떠돌던 책력의 책장 사이에서 작은 달들이 눈물처럼 아이가 그려놓은 꽃밭 위로 떨어진다.

* 세스티나는 6행 6연, 그리고 뒤이어 3행이 따라붙으며 완성되는 운문 형식이다.

목련 열매에 정수리를 맞고 깜짝 놀란 적이 있는 당신, 열매의 소임을 아는 당신이라면, 내가 당신을 즐겁게 하기 위해 굳이 눈물 가득한 시를 고른 이유를 짐작하려는지.

할머니는 눈물을 감추려고 웃고 떠들고 난로에 맞춰 노래도 흥얼거리지만, 아이는 지붕 위로 눈물이 떨어지고, 뜨거운 검정 난로 위에서 찻주전자의 작고 단단한 눈물이 미친 듯이 춤을 추는 와중에도 그림을 그린다. 아이가 그린 그림은 집이다. 이 집은 견고하고 수수께끼 같다. 어쩌면 견고하고 수수께끼 같은 집은 비숍이 평생 찾았던 안식처였을지도 모른다. 내가 주목한 건 아이가 집 앞에 그려놓은 꽃밭에 작은 달들이 눈물처럼 떨어지는 장면이다. 나와 함께 이 장면을 목격한 책력은 말한다. 눈물을 심을 시간이라고. 눈물은 떨어지지만 동시에 심어진다. 당신, 눈물을 심은 자리에서 무엇이 싹틀지 생각해본 적 있는가?

대기실에서

매사추세츠 우스터에서,
콘수엘로 고모의
치과 치료에 따라가
대기실에 앉아서

고모를 기다렸다.
겨울이었다. 날이 일찍
저물었다. 대기실은
어른들로 가득했다,
방한화와 외투와,
전등과 잡지도.
고모는 꽤 오래인 것 같은 시간 동안
안에 있었고
기다리는 동안 나는
내셔널 지오그래픽을 읽었다
(나는 읽을 수 있었다) 그리고
사진들을 자세히 들여다보았다.
검고 화산재가 가득한
화산 안쪽.
곧 화산이 넘쳐
불의 개울로 흘러내렸다.
승마용 반바지를 입고
끈을 묶는 부츠와 탐험용 헬멧을 쓴,
오사와 마틴 존슨 부부.
장대에 매달린 죽은 남자
사진 설명에 '길쭉한 돼지'라고 씌어 있다.
뾰족한 머리를 한 아기들은

끈으로 칭칭 감겨 있고,
벌거벗은 흑인 여자들은
마치 전구의 목처럼
목에 철사가 칭칭 감겨 있었다.
여자들의 가슴은 소름 끼쳤다.
나는 단숨에 읽어내렸다.
너무 부끄러워 멈출 수가 없었다.
이윽고 표지를 보았다.
노란색 테두리를, 발행일을.
그때 갑자기, 안쪽에서,
아! 하는 고통의 소리가 들렸다
— 콘수엘로 고모의 목소리가 —
아주 크거나 길지는 않았다.
나는 조금도 놀라지 않았다.
그때도 나는 고모가
모자라고 소심한 여자라는 걸 알았다.
당황할 수도 있었지만,
그러지 않았다. 완전한 놀라움으로
나를 사로잡은 건
바로 나였다.
내 입에서 나온, 내 목소리였다.
생각할 겨를도 없이

나는 모자란 고모였고,
나는 ― 우리는 ― 내셔널 지오그래픽 표지에
시선을 고정한 채
낙하하고, 또 낙하했다,
1918년 2월 호였다.

나는 속으로 말했다, 사흘만 있으면
넌 일곱 살이 돼.
내가 이렇게 말한 건
돌고 도는 둥근 세계에서 떨어져
차갑고 검푸른 공간으로
낙하하는 감각을 멈추고 싶어서였다.
하지만 나는 느꼈다, 너는 하나의 나,
너는 한 명의 엘리자베스,
너는 그들 중 하나라고.
왜 너도 그 하나가 되어야 하지?
나는 감히 따져보지 못했다
나라는 게 무엇인지를.
나는 곁눈질로
― 눈을 높이 들 수가 없었다 ―
전등 아래 드러난
그늘진 회색 무릎들과,

바지와 치마와 장화와
짝이 다른 손들을 보았다.
나는 알았다, 이보다 이상한 일은
없었다고, 이보다 이상한 일은
있을 수가 없다고.

나는 왜 내 고모여야 하고
나 혹은, 누군가가 되어야 하는 걸까?
무엇이 비슷하기에 —
장화나, 손이나, 내 목에서 느껴지는
가족의 목소리나, 심지어
내셔널 지오그래픽과
그 지독하게 늘어진 가슴은 —
우리를 전부 한데 묶거나
우리를 그저 하나로 만드는 걸까?
어떻게 — 어떤 단어를 써야 할지
몰랐다 — 어떻게 '이런 일이'……
어쩌다 나는 저들처럼,
여기에 와서, 엿듣게 된 걸까
크고 심할 수도 있었지만 그렇지는 않았던
고통의 비명을?

대기실은 밝고
너무 더웠다. 이곳은 크고 검은 파도 밑으로
미끄러져 들어갔다.
한 차례, 또 한 차례.

어느새 나는 이곳으로 돌아왔다.
전쟁 중이었다. 바깥은,
매사추세츠 우스터는,
눈이 녹아 질척이는 추운 밤이었다.
그리고 여전히
1918년 2월 5일이었다.

외가 노바스코샤의 가을 저녁 견고한 집을 그렸던 아이는 어느새 친가인 매사추세츠 우스터에 와 있다. 아이는 이제 읽을 줄 안다. 그리는 아이에서 읽는 아이가 되었다는 것은 대단한 성장이다. 아이는 주변 세계를 인식할 수 있다. 오늘 아이가 바라본 세계는 《내셔널 지오그래픽》이다. 노란 테두리를 두른 표지에는 1918년 2월 호라는 발행일이 적혀 있다. 장대에 매달린 채 인육이 되어버린 남자나 뾰족한 머리를 한 아기들, 목에 철사를 칭칭 감은 벌거벗은 흑인 여자들의 가슴은 여섯 살이 된 아이에겐 불가해한 세계다.

진료실 안쪽에서 콘수엘로 고모가 지르는 '아!' 하는 고통의 비명이 들려오자 아이는 순식간에 고모가 되며 또다시 낙하를 시작한다. 차갑고 검푸른 공간으로 떨어져 내리는 이 느낌이 당신은 낯익지 않은가? 나는 왜 나여야 하고, 혹은 누군가가 되어야 하는지, 존재의 의문을 품을 때마다 우리 발밑은 허방이 되어 열리지 않았던가. 밤새 추락하는 꿈을 꾸고 식은땀을 흘리며 깨어나면 내 어머니는 이마의 땀을 훔쳐주며 말했다. 크느라 그런 게지. 대기실의 아이도 크느라 전쟁 중인 바깥 세계를 훔쳐보며 소리 없는 비명을 지른다. 그곳은 영원히 눈이 녹아 질척이는 추운 밤이다.

큰사슴

그레이스 벌머 바워스에게

물고기와 빵과 차의
좁은 지방을 떠나온다,
하루에 두 번
만이 바다를 떠나
저 멀리 청어 떼를 태우고 가는
긴 조수의 고향을.

강이 갈색 거품 벽을 세우고
들어오는지
물러나는지가
들어오는 만을 만나는지
만이 아직 돌아오지 않았는지에
달려 있는 곳.

붉은 갯벌에,
때로는 붉은 바다를 마주하고
해가 지고,
때로는, 습지의 라벤더빛 비옥한 진흙을
핏줄처럼 도드라지게 해
불타는 실개울로 흘러내리게 하는 곳.

붉은 자갈길 위로,
줄지어 선 사탕단풍나무를 지나,
빛바랜, 조개껍데기처럼 골이 진,
물막이 판자 농가들과
깔끔한 물막이 판자 교회들을 지나,
쌍둥이 은빛 자작나무를 지나서,

늦은 오후 내내
버스는 서쪽으로 달린다.
앞유리창이 연홍빛으로 물든다.
연홍은 금속처럼 번득이며,
낡아빠진 푸른 법랑을 씌운
움푹 팬 버스 옆구리를 쓸고 지나간다.

덜컹 내려갔다, 덜컹 올라오고,
한참을 기다린다, 참을성 있게,
승객 한 사람이
일곱 친척에게
입 맞추고 포옹하고
양치기 개 한 마리가 지켜보는 동안.

느릅나무여 안녕,
농장이여 안녕, 개여 안녕.
버스가 출발한다. 빛이
점점 짙어진다. 안개가,
짭조름하고, 옅은 안개가 모양을 바꿔가며
가까이 다가온다.

차갑고 둥근 안개의 결정들이

맺혔다가 미끄러져 깃든다
흰 암탉들의 깃털에,
잿빛 윤기가 흐르는 양배추에,
꽃배추 위에
열두제자 같은 루피너스꽃 위에

허옇게 탈색한 울타리 위
축축한 흰 줄에
스위트피꽃이 매달리고
뒤영벌들
디기탈리스꽃으로 기어들면,
저녁이 시작된다.

배스강에서 한 번 정차.
그리고 이코노미스 마을
아랫마을, 가운뎃마을, 윗마을.
파이브 아일랜즈, 파이브 하우지스,
거기 한 여자가 저녁 먹은
식탁보를 턴다.

희끄무레한 깜박임. 사라지고.
탄트라마 늪과

말린 소금풀 냄새.
철교는 떨고
흔들릴 뿐 아직 빠지지 않은
헐거운 바닥 널이 덜컹거린다.

왼편에, 붉은빛이
어둠을 뚫고 헤엄친다.
배의 좌현 등불이다.
밝고 경건한
고무장화 두 짝이 보인다.
개가 한 차례 짖는다.

장바구니 두 개를 든
여자가 올라탄다.
씩씩하고, 주근깨가 가득, 늙었다.
"대단한 밤이에요. 예, 기사님,
보스턴까지 쭉 가요."
여자는 우리를 상냥하게 바라본다.

북슬북슬, 따끔따끔, 깔쭉깔쭉한
뉴브런즈윅 숲으로
들어서니 달빛이,

목초지 덤불에 깔린
새끼 양의 털처럼
달빛과 안개가 숲속에 붙들렸다.

승객들이 뒤로 눕는다.
코를 곤다. 누구는 긴 한숨을 쉬고.
밤이면 시작된다
꿈결 같은 방랑이,
부드럽게, 귀에 감기는,
느릿한 환각이⋯⋯

삐걱거림과 소음 속에
오래된 대화가
 ― 우리를 신경 쓰지 않는 ―
하지만 알아들을 수는 있는 대화가, 저기 어디,
버스 뒤쪽에서.
할아버지들의 목소리가

끊기지 않고
영원 속에서, 들려온다.
이름들이 언급되고,
마침내 정황이 드러나고,

남자가 뭐라고 했는지, 여자가 뭐라고 했는지,
누가 퇴직했는지,

죽음들, 죽음들과 아픔들,
남자가 어느 해 재혼했고,
(어떤 일이) 어느 해 일어났는지.
그 여자는 아이를 낳다가 죽었어.
그때 실종된 이가 그 아들이야
그 종범선이 가라앉았을 때.

그는 술꾼이 되었지. 그래.
그 여자는 나쁜 길로 빠졌지.
아모스가 가게 안에서도
기도를 시작하자
결국 그 가족이
그를 치워버렸잖아.

"그래……" 그 특이한
긍정. "그래……"
날카롭게, 들이마시는 숨,
반은 신음, 반은 인정인,
그것은 "사는 게 그렇지.

우리도 그걸 (그리고 죽음도) 알아"라는 뜻.

그들은 말했다
오래된 깃털 침대 속에서,
평온하게, 계속 또 계속해서,
현관에 희미한 전등을 켜놓고,
부엌에 내려가, 개를
솥 안에 품고 말하는 것처럼.

이제는, 괜찮다 이제는
잠이 들어도 괜찮다
그런 밤들이면 늘 그랬듯이.
그런데 갑자기 버스 기사가
덜컥하고 차를 세우더니,
등을 끈다.

큰사슴 한 마리가
헤아릴 수 없이 깊은 숲에서 나와
거기 서 있다, 아니, 슬그머니 다가온다,
도로 한가운데서.
녀석이 다가온다, 쿵쿵댄다
뜨거운 버스 덮개를.

뿔 없이 우뚝 솟은 모습은
교회처럼 고귀하고,
집처럼 소박하다.
(혹은 집처럼 안전하다.)
한 남자의 목소리가 우리를 안심시킨다
"절대로 해치지 않아요······"

몇몇 승객들이
속삭이며 감탄한다,
어린아이처럼, 나지막이,
"정말 큰 짐승이야."
"너무 못생겼다."
"봐! 암놈이야!"

천천히 시간을 들여
큰사슴은 버스를 굽어본다,
위엄있게, 초연하게.
왜, 우리는 왜
(우리 모두가) 이토록 달콤한
기쁨의 감각을 느끼는 걸까?

"호기심 많은 동물이에요."
우리의 조용한 기사가 말한다,
리을 발음을 굴리면서.
"저걸 보십시오, 여러분."
이윽고 그는 기어를 바꾼다.
잠시 조금 더 오래.

뒤쪽으로 고개를 빼면,
큰사슴을 볼 수 있다
달빛 내린 포장도로 위에.
잠시 후 희미하게
큰사슴 냄새가, 톡 쏘는
휘발유 냄새가 풍겼다.

〈큰사슴(The Moose)〉은 비숍이 1946년 노바스코샤를 방문했을 때 구상해 이모 그레이스 벌머 바워스에게 바친 시다. 그러나 시는 1972년에 완성되어 비숍의 마지막 시집에 발표된다. 시 한 편을 쓰는 데 26년이라는 시간이 걸린 셈이다. 내가 이 시를 당신에게 줄 선물로 고른 것은 비숍 특유의 세밀한 묘사가 뛰어나서도, 큰사슴이 출현했을 때 시 속의 인물들과 독자가 동시에 느낄 수밖에 없는 에피

파니 때문도 아니다. 하루에 두 번 만(灣)이 바다를 떠나 저 멀리 청어 떼를 태우고 가는 긴 조수의 고향을 떠나는 화자에게서 기존의 짙은 슬픔보다 약간의 희망이 느껴지기 때문이다. 느릅나무여 안녕, 농장이여 안녕, 개여 안녕, 하고 건네는 인사말에는 언제라도 돌아올 수 있다는 낙관이 깃들어 있다. 더 이상 낙하하지 않는다.

물론 이곳에도 낙하의 이미지는 존재한다. 차갑고 둥근 안개의 결정들이 맺히면 미끄러져 떨어지지만, 물방울은 사라지지 않고 깃든다. 흰 암탉들의 깃털에, 잿빛 윤기가 흐르는 양배추에, 꽃배추 위에, 열두제자 같은 루피너스꽃 위에. 눈물이 꽃밭에 떨어져 씨앗이 되었듯이 안개의 눈물은 맺혀 살아 있는 것들 사이에 깃든다.

나는 여기서 그리는 아이에서 읽는 아이로, 읽는 아이에서 여행하는 어른으로 성장한 비숍의 모습을 엿본다. 여행하는 어른은 떠나되 얼마든지 돌아올 수 있다. 그것은 긍정이다. 날카롭게 들이마시는 숨이자 반은 신음이고 반은 인정인 특이한 긍정. 사는 게 그렇지. 우리도 그걸 (그리고 죽음도) 알아. 화자는 앞서 살아가는 선배들의 삶까지 긍정한다. 그리고 무엇보다 우연히 마주친 큰사슴의 위엄 있고 초연한 모습에 경의를 표한다. 어쩌면 큰사슴은 삶의 (그리고 죽음의) 현현이었을지도 모른다.

우리에게도 그런 순간이 있지 않았나? 4월을 맞아 부지

런히 달려간 연희동에 그 우람한 목련나무가 벌써 꽃잎을 죄 떨어뜨린 것을 목도했을 때, 11월의 추위에도 붉고 굳건한 꽃송이를 매달고 있던 장미를 보았을 때, 우리는 예측 불가한 세계 앞에서 한없이 초라한 모습으로 그저 한탄과 경탄을 반복하지 않았던가. 그러고 보면 그 어질어질한 순간 역시 모두 성장을 위한 허방이었다고 말할 수 있을까.

물고기

대어를 낚았다
나는 녀석을 보트 옆구리에 매달아두었다
주둥이 한쪽 귀퉁이에 낚싯바늘이 걸렸고
몸통의 절반은 물속에 잠긴 채였다.
녀석은 몸부림치지 않았다.
전혀 몸부림치지 않았다.
끙 소리가 나오게 묵직한 몸으로 매달려 있었다.
관록 있어 보이는 온몸이 너덜너덜했고
못생겼다. 갈색 몸통 여기저기
옛날 벽지처럼
줄무늬가 있고,
더 진한 갈색 무늬도

꼭 벽지 같았다.

세월을 거치며 얼룩지고 사라진

활짝 핀 장미 같은 형상.

녀석의 몸에 따개비가 얼룩덜룩 붙어 있었다,

섬세한 장미꽃 모양 석회로,

게다가 그 몸에는

아주 작은 흰색 바다이가 들끓었으며,

아래쪽에는 녹색 해초 두세 가닥이

누더기처럼 매달렸다.

녀석의 아가미가 힘겹게

산소를 들이마시는 동안

— 무시무시한 아가미는

피가 들어차 신선하고 빳빳했고

손을 대면 깊이 베일 듯했다 —

나는 생각했다, 깃털처럼 단단히 뭉친

거친 흰색 살을,

큼직한 뼈들과 자잘한 뼈들을,

극적인 붉은색과 검은색으로

번들거릴 내장을,

큼직한 작약꽃 같을

분홍색 부레를.

녀석의 눈을 들여다보았다.

내 눈보다 훨씬 크지만
더 얕고, 누런 기운을 띤 눈을,
뒤로 물러난 홍채가
얼룩진 은박지처럼 뭉쳐 있고
수정체는 여기저기 긁힌
오래된 운모 같은 눈을.
그 눈은 살짝 움직였지만,
내 시선을 마주 본 것은 아니었다.
그보다는 빛을 향한 물체의
반사작용에 가까웠다.
나는 녀석의 뚱한 얼굴에,
턱의 구조에 감탄했다.
그러다 보았다.
녀석의 아랫입술에
— 그걸 입술이라고 부를 수 있다면 —
불길하고 축축하고 무기 같은 그것에
오래된 낚싯줄 다섯 가닥이
혹은 네 가닥과 여전히 회전 고리가 붙은
철사 목줄 하나가
전부 다섯 개의 큼직한 낚싯바늘을 달고
녀석의 입속에 단단히 박혀 있었다.
녹색 줄 한 가닥은 녀석이 끊어냈을 때의 모양 그대로

끝이 나달나달했고, 두 가닥은 좀 더 묵직했고,
가느다란 검은 줄은
녀석이 끊고 달아나기 직전의
팽팽한 줄다리기를 간직한 채 여전히 구불구불했다.
고통스러워 보이는 턱에
지혜의 수염 다섯 가닥이 나부꼈다,
그것은 구불구불하게 해어진 줄에 매달린
훈장 같았다.
나는 보고 또 보았고
빌려온 작은 보트 안에
승리감이 차올랐다.
녹슨 엔진 주변으로
기름이 무지개를 퍼뜨린
배 밑바닥 물웅덩이부터
녹슨 주황색 파래박과
햇볕에 갈라진 가로장과
줄 달린 노걸이와
뱃머리 널빤지까지 온통
무지개, 무지개, 무지개였다!
나는 물고기를 놓아주었다.

마지막 선물로 이 시를 고른 이유를 당신은 짐작하려는지. 이 시 역시 현미경과도 같은 대상의 세밀한 관찰과 묘사가 압권이지만, 비숍의 시선은 대상의 재현에 그치지 않는다. 관찰자로서 시인은 대상을 향해 바짝 들이댄 렌즈를 기어이 자신을 향해 돌린다. 관찰된 사물에 이어 관찰자의 인식 변화까지 들여다보려면 용기가 필요하다. 우리가 거울을 볼 때마다 심호흡을 해야 하는 것처럼. 거울 혹은 렌즈 저편에는 우리가 있다고 하지만, 그 우리는 과연 진정한 우리일까? 우리가 보고 싶은 우리인가, 봐야 한다고 강요된 우리인가. 그 어느 것도 진짜 우리라고 말할 수는 없지 않은가. 이런 복잡한 마음으로 바라본 거울엔 언제나 분열된 누군가가 담겨 있다.

시인이 바라본 대상은 우선 물고기. 낚싯바늘에 꿰여 있는데도 전혀 몸부림치지 않는다. 관록 있어 보이지만 못생긴 물고기는 세월과 역사를 간직했다. 그리고 무엇보다 녀석에겐 생존의 흔적인 낚싯바늘이 무려 다섯 개나 달려 있다. 이것은 지혜의 수염 가닥이고 나달나달하고 구부러진 줄에 매달린 훈장이다. 대어를 낚았다는 기쁨도 잠시, 화자는 물고기를 보고 무한한 경의를 느낀다. 곧 작은 보트 안에 승리감이 차오른다. 화자가 느끼는 승리감은, 그 표식인 무지개는 누구의 것일까? 대어를 낚은 화자의 것일까. 다섯 번 넘게 살아남은 관록의 물고기일까. 거울 속에서 분열한 자아를 매일 목격하면서도 용케 검푸른 공간으로 떨어져 내리지 않고 땅을 밟고 살아가는 당신과 나일까.

　시인은 대상을 향한 경의를 담아 이 시를 썼지만, 독자인 나는 어쩐지 위안을 받았다. 아마도 나는 못생긴 관록의 물고기에 감정이입을 했는지도 모르겠다. 그리는 여자아이에서 읽는 여자아이로 자라 결국 쓰는 여성이 된 비숍이, 잃어버린 집을 찾아 대륙을 헤매는 어른에서 시 안에 견고한 집을 짓게 된 비숍이 갈색 물고기와 자신을 동일시한 순간이 있었듯이 말이다. 그러므로 무지개는 물고기의 것이고 시인의 것이지만, 그의 시를 읽고 묘한 위안을 받는 우리의 것이기도 하다.

　눈물을 심어본 적이 있는 당신에게, 깨진 거울을 겁내는 우리에게 나는 오늘 화환처럼 무지개를 걸어주고 싶다. 산다는 게 다 그렇다지만, 어쨌든 우리는 그렇고 그런 삶을 살아내느라 오늘도 모진 애를 쓰고 있으므로. 어린 날의 낙하하는 크느라 그런 거라지만 오늘 우리는 끝내 추락하지 않기 위해, 기어이 생존자가 되기 위해 낚싯바늘 몇 개를 아래턱에 매달고도 숨을 쉬고 있지 않은가.

　이런 내 마음을 담아 무지개 화환 같은 비숍의 시 네 편을 옮겨 보낸다. 당신도 나처럼 그의 시에서 약간의 위안을 맛보길. 그리고 모처럼 용기를 내어 거울을 들여다보길. 그 안에 분열한 자아상을 물고기처럼 놓아주고 대신 웃는 당신의 얼굴을 걸어보길. 무지개! 무지개! 무지개처럼 둥근 웃음을.

조명의 책무에 대하여

풍경 하나. 명절을 맞아 시어머니와 함께 재래시장에 송편을 사러 갔다. 시어머니가 단골 상인에게 나를 소개했다. "우리 며느리. 집에서 놀아." 그때 나는 좀 웃었던가. 화가 났던가. 아이러니하게도 그 무렵 내가 집에서 가장 많이 듣는 말이 "엄마, 일하지 마!"였다. 당시 유아였던 둘째는 내가 노트북 뚜껑을 열 때나 진공청소기를 붙잡을 때마다 자지러지게 울며 외쳤다. "엄마, 일하지 마!" 그 아이에게 집안의 온갖 가전제품과 책은 엄마의 관심과 시선을 나눠 가져야 하는 경쟁자였다.

풍경 둘. 남쪽 도시에서 15년을 살고 서울로 돌아와 오랜만에 대학 동기들을 만나기로 했다. 초등학생이었던 두 아이 저녁을 차려주고 버스와 지하철을 갈아타며 늦지 않게 종로경찰서 뒤쪽 식당으로 가려고 오후부터 종종걸음을 쳤던 기억이 난다. 가장 뜨거웠던 20대를 한 시공에서 보냈던 친구들은 못 본 사이 저마다의 30대를 통과하고 어느새 40대에 접어들었다. 정신없이 인사를 나누고 안부를 묻다가 "어디서 뭘 하다 오는 길이야?"라는 질문이 한 차례 돌았다. 여의도에서 곧바로 온 회사원 친구, 대학 연구실에서 온 교수 친구, 외근 나갔다가 집에 들러 자동차를 놔두고 온 방송국 피디 친구 등등이 대답했고, 마지막은 내 차례였다.

"너는 뭘 하다 왔어?"

"애들 밥해주고 왔어."

와르르 웃음이 터졌다. 친구들이 웃었다. 마치 내가 굉장히 재치 있는 농담을 했다는 듯이. 반전 기법의 유머에 성공했다는 듯이. 그날의 예기치 못한 반응은 한동안 뭉근한 상처로 남았다.

풍경 셋. 아직 대학에 다닐 때였다. 동아리 선배가 난생처음 먹어보는 칵테일을 사줬다. 무슨 이야기를 나누었는지 다 잊었지만 수십 년이 흐른 지금까지 또렷하게 기억나는 말이 있다. "네가 진심으로 좋아하는 일과 정말로 잘하는 일과 그로 인한 보상이 넉넉한 일, 이 셋이 일치하는 삶을 살았으면 좋겠다." 지금껏 나는 이보다 더 지극한 축원의 말을 알지 못한다. 삶이 좀 갈팡질팡한다 싶을 때면 선배의 이 말을 떠올린다. 내가 진심으로 좋아하는 일은 무엇인가? 정말로 잘하는 일은 뭘까? 그로 인한 보상이 넉넉한가?

풍경 넷. 유치원에서 '장래 희망'이라는 단어를 처음 배워온 아이가 내게 물었다. "엄마는 장래 희망이 뭐야?" (사실 아이는 '잔내 히망'이라고 발음했다.) 마흔을 코앞에 두고 있던 나는 한참 망설이다 겨우 대답했다. "엄마 장래 희망은 소설가야." 얼굴이 달아올랐다. 아이는 대수롭지 않게 "열심히 하면 다 될 수 있어! 엄마, 화이팅!"이라고 말하고 쪼르르 장난감 방의 레고 상자로 달려갔다. 거실에 혼자 남은 나는 좀 울었다. 내게 아직도 '잔내'가 남았다니.

사람은 다면체라고 믿는다. 몇 개의 면으로 이루어져 있는지, 전체적으로 어떤 모양새인지는 사람마다 다르겠지만, 어쨌든 다면체라고. 다면체는 조명을 어느 방향에서 어느 정도 쏘아주느냐에 따라 굉장히 다른 피사체가 된다. 영화 촬영감독으로 일했던 한 선배가 어느 배우는 한쪽에서 조명을 강하게 때리면 이목구비가 확 살아나고, 또 어느 배우는 뒤쪽에서 전체적으로 조명을 비춰줄 때 가장 아름다운데, 나는 (잠시 침묵) 어디에 조명을 줘도 (다시 침묵) 답이 안 나오는 얼굴이라고 했다.

그 선배의 못됨과는 상관없이 나는 종종 그 말을 생각한다. 조명에 대하여. 조명의 책무에 대하여. 내 앞에 놓인 다면체가 어떻게 보이느냐는 어느 방향에서 어느 정도의 조명을 쏘아줄지 내가 결정한 결과라고. 그러니 나는 '집에서 노는 며느리'로 보일 수 있고, '일하느라 나랑 안 놀아주는 엄마'로 보일 수도 있으며, '밥하는 사람'으로 보일 수도, '칠전팔기 끝에 늦깎이 등단에 성공한 작가 선생'이나 '발번역이라는 말이 제일 무서운 소심한 번역가'로 보일 수도 있는데, 내가 어떻게 보이느냐는 전적으로 내 책임만은 아니라는 것이다.

거꾸로 조명 장치가 내 손에 쥐어졌을 때 얼마나 '공정하게' 혹은 '정확하게' 상대방을 비출 것인지, 그 책임은 내게 있다. 그러니 내 앞에서 눈부시게 웃는 저 사람이 어느 밤에는 베란다 난간 앞에 맨발로 서서 물끄러미 창밖을 바라본 그 사람일 수도 있다는 생각을 할 수 있어야 한다. 새벽 세 시, 변기에 걸터앉아 조용히 눈물을 흘리는 사람이 다음 날 프레젠테이션을 유창하게 해내는 그 사람일지도 모른다. 산다는 건 어쩌면 수많은 보이지 않는 손들의 도움을 거치는 일이라는 사실을 기억해야 한다. 그림자 노동의 심연을 들여다볼 수 있어야 한다. 이름을 가지지 못한 것들과 존재하지 않는 것들이 일치하지 않는다는 사실을 아프게 상기해야 한다. 내 이름을 찾아가는 여정에 타인의 이름을 지우지 않는 일도 포함됨을 알아야 한다.

다시 10년 전 종로경찰서 뒤쪽 풍경으로 돌아가본다. 그날 내 친구들은 조금 당황했던 것 같다. 20대 청춘 시절, 같은 대학에서 같은 꿈을 꾸며 함께 울고 웃었던 친구가 15년 만에 나타나 처음 한 말이 "애들 밥해주고 왔어"라서 놀랐던 걸지도 모른다. 진심으로 좋아하는 일과 정말로 잘하는 일과 그로 인한 보상이 넉넉한 일이 일치하는 삶을 살길 서로 축원했던 친구가 애들 '밥이나' 해주고 왔다니, 별로 행복해 보이지 않았을지도 모르겠다. 그들은 나를 무시한 게 아니라, 내가 안쓰러웠던 것 같다. 그러나 친구들아. 나는 가끔 불행하지만 종종 행복하고 자주 별일 없단다. 그렇게 말해주었더라면 심성 고운 내 친구들도 마음이 좀 편해졌을 텐데.

"너는 뭘 하다 왔어?"

"애들 밥해주고 왔어."

"무슨 반찬?"

"개구리 반찬은 아니야."

이쯤에서 와르르 웃음이 터졌더라면 좋았을 텐데. 그랬다면 훨씬 고요한 마음으로 30대의 내가 얼마나 자주 행복과 불행 사이를 아슬아슬하게 오갔는지, 아는 이 하나 없는 낯선 도시에서 어린애 둘을 키우며 매일 나만의《분노와 애정》을 몇 권씩 써댔는지 말할 수 있었을 것이다. 그러다 자연스레《분노와 애정》같은 책이 진작에 번역 출판되었더라면 육아 생활이 조금 덜 괴롭지 않았을까, 하고 내 삶의 한 면인 번역 이야기로 화제가 옮아갔을지도 모른다. 번역이 얼마나 외로운 일인지, 그러다 얼핏 보석 같은 문장을 발견하면 얼마나 간절하게 소설이 쓰고 싶어지는지, 도대체 나는 언제 소설을 쓸 수 있게 되는지. 그러다 다시 요즘 자신 있게 만들 수 있는 반찬 자랑도 하면서 주거니 받거니 밤늦도록 이야기를 나눌 수 있었을지도.

다시 말하지만, 내 삶은 다면체다. 조명을 어디에 얼마나 비출지는 당신 마음이다. 그러나 당신 눈에 보이는 모습이 내 삶의 전부가 아님을 알아주길. 내게도 당신 삶을 비출 조명이 들려 있다. 우리 만나자. 애들 밥해주고 나서. 횃불을 들어도 좋고 손전등을 들어도 좋다. 당신이 진심으로 좋아하는 일과 정말로 잘하는 일과 그로 인한 보상이 넉넉한 일, 이 셋이 일치하는 삶을 살길 축원할 것이다. 하지만 나는 아직 세 가지가 일치하지 못했다고 고백해야지. 그때까지는 장래 희망이 남았고, 장래 희망이 있는 한 내겐 아직도 장래가 있다고도 말해야지.

내 손이 당신의 얼굴을 건져내길

아르헨티나 파타고니아 지역의 선사시대 동굴에는 수백 개의 손 모양이 찍혀 있다. 음각으로도 양각으로도 찍혀 있고, 색깔도 사용한 안료에 따라 흰색, 검은색, 붉은색, 보라색, 황토색 등으로 다양하다. 흡사 아우성을 치듯 잔뜩 겹쳐 찍힌 손 모양 덕분에 이 동굴의 이름은 '손의 동굴(Cueva de las Manos)'이 되었고 이 주변은 '그림의 강(Río Pinturas)'이라고 부른다. 이곳 외에 프랑스의 쇼베, 스페인의 알타미라, 인도네시아의 칼리만탄 동굴벽화에서도 사람이 찍은 손 모양을 볼 수 있다. 다양한 분야의 연구자들이 이 손 암각화를 연구한 결과 우리는 이 손 모양이 찍힌 시대, 사용한 안료의 성분, 손 주인의 성별과 연령대 등을 알게 되었지만, 굳이 '왜' 동굴 벽에 어렵게 손도장을 찍었는지 정확한 이유는 알지 못한다. 사냥을 나서기 전의 의식이었을 것이다, 성년식의 한 단계였을 것이다, 주술 치료의 과정이었을 것이다, 순수한 놀이 혹은 예술 활동이었을 것이다, 등등 조심스럽게 짐작해볼 뿐이다. 대략 만 년 전 누군가 차가운 동굴 벽에 자신의 한 손을 얹고 다른 손으로 동물 뼈로 만든 대롱을 들고 입에 머금은 물감을 힘차게 내뿜었을 것이다. 손 주변으로 붉은 물감이 세차게 뿌려지고 잠시 후 손을 떼면 붉은 바탕 한가운데 선명한 손 모양이 음각으로 새겨졌을 것이다. 자신의 손과 입으로 찍은 손자국을 확인한 그 사람은 어떤 표정을 지었을까. 요즘 나는 만

년 전 그 사람의 마음이 궁금하다.

할머니는 하루 살림을 마치고 비로소 방에 들어와 앉을 수 있는 시간이 되면 윗목에 작은 상을 펴놓고 불경을 필사했다. 가끔은 입으로 불경 구절을 중얼거리기도 했는데, 어린 내 귀에 그 소리는 잔잔한 허밍으로 들렸다. 종일 옹색한 재래식 부엌과 수돗가를 왔다 갔다 하면서 살림을 해내느라 고단했을 텐데 왜 누워 쉬지 않고 굳이 불편한 자세로 뭔가를 베껴 쓰나, 어린 내 마음은 이해하지 못했다. 그러나 할머니는 어쨌든 불심을 지키고자 매일 애썼던 것 같고 내게도 '항시 발밑을 잘 살피며 걸어라. 무심코 개미를 밟아 죽이는 죄를 지을 수 있단다'라는 큰 잠언을 남겼다.

할머니가 돌아가시고 어머니가 살림을 도맡게 되었을 때는 내가 좀 더 자란 다음이라 기억이 또렷한데, 어머니는 저녁마다 꼼꼼히 가계부를 썼다. 이미 글자의 맛을 알아버려 집 안의 모든 책을 뒤지는 데 재미가 들렸던 나는 가끔 어머니의 가계부도 들여다보았는데, 일목요연한 숫자 옆 여백에 어머니가 끼적여놓은 낙서를 발견할 때면 철없는 내 마음도 공연히 쿵 내려앉곤 했다. 어머니의 문장은 주로 한탄으로 이루어져 있었다. 그 무렵 어머니는 '동그라미 그리려다 무심코 그린 얼굴'이라는 노랫말을 자주 흥얼거렸다. 글을 쓰는 여성들을 생각할 때면 촉수 낮은 전등불 아래 작은 밥상을 펴놓고 연필 혹은 볼펜으로 불경을 베껴 쓰고 가계부에 낙서하던 할머니와 어머니의 잔뜩 웅크린 어깨가 가장 먼저 떠오른다. 내가 목격한 최초의 여성 '작가'는 그 두 사람이었다.

　미치도록 혼자 있고 싶었던 시절이 있었다. 육아와 살림에 하루 대부분을 바쳤던 시절, 내내 종종걸음을 치다가 잠깐 변기에 걸터앉았을 때야 비로소 '혼자 앉은' 순간임을 자각하던 시절이었다. 계절이 바뀔 무렵 어김없이 지독한 몸살이 찾아와 애들을 누군가에게 맡겨놓고 '혼자' 병원에 다녀올 때면 흡사 날개라도 달린 듯 온몸이 가벼워짐을 느끼던 때다. 매일 밤 아이들을 겨우 재우고 내 시간이 생기면 밀려오는 피로와 혼자만의 시간을 누리고 싶은 마음이 격렬하게 싸웠다. 결국 이불 위에 무너지는 날이 많았지만 무거운 눈꺼풀을 버티듯 밀어 올리며 책상 앞에 앉으면 ─ 지금 생각하면 참 뜬금없게도 ─ 편지를 썼다. 기억아. 오늘은 아파트 근처 논에 모내기하는 모습을 보았어. 우리 같이 농활 갔을 때 네 종아리에 거머리가 세 마리나 붙었던 일을 기억해? 계절이 바뀌고 있어. 우리는 또 그만큼 달라지겠지. 시옷 씨. 이번에 발표한 소설 잘 읽었어요. 내가 아는 시옷 씨는 이런 문장을 쓰는 사람이구나. 행간에 시옷 씨의 얼굴이 보여요. 왜 일기도 소설도 아니고 편지였을까. 공책이나 수첩에 가지런히 적어 내려간 그 편지들은 당연히 한 번도 부치지 않았고, 40대에 들어서 다른 도시로 이사하게 되었을 때 10년쯤 쓴 그 편지들을 전부 세단기에 넣고 갈아버렸다.

"인간은 그저 좋아하는 일을 할 때 자유롭지 않다. 가장 깊숙한 곳의 자아가 좋아하는 일을 할 때 비로소 자유롭다. 그리고 가장 깊숙한 곳의 자아를 찾아가려면 잠수가 필요하다." D. H. 로런스의 말이다. 우물을 응시하거나 거울을 들여다보면 내가 보이지만, 진정한 '나'를 찾으려면 그 이상의 행위가 필요하다는 말로 이해한다. 할머니에게는 불경을 베껴 쓰며 불심을 다독이는 일이, 어머니에게는 가계부 여백에 한탄의 문장을 끼적이며 마음을 다스리는 일이 로런스가 말한 '잠수'의 행위가 아니었을까. 적어도 내겐 하루 끝에 편지를 쓰는 행위가 잠수의 단초였다. 나를 알고 내가 아는 사람들의 이름을 부르며 시작하는 글쓰기는 그 시절 내게는 일종의 존재증명 방식이었고 한창 힘들 때는 조난신호이기도 했을 것이다. 여기 내가 있어. 이건 내 손이 하는 일이야. 어렵사리 확보한 혼자만의 시간에 조심스럽게 내밀어본 연결의 시도. 여기 내가 있어. 내 이야기를 들어주겠니? 미치도록 혼자 있기를 원하면서 막상 혼자가 되면 누군가를 향해 손을 내밀어 신호를 보내는 행위는 얼마나 아이러니한 인간의 본성인가.

만 년 전 그 사람은 동굴 벽에 선명하게 찍은 손 모양을 문자 삼아 무슨 말을 하고 싶었던 걸까? 여기 내가 있어. 이건 내 손이 하는 일이야. 나를 기억해주겠니? 존재증명 혹은 조난 신호. 만 년 후 나도 비슷한 행위를 한다. 하얀 종이에 뭔가를 끼적이고 키보드를 두드려 활자를 찍는다. 할머니와 어머니가 그랬듯이 나도 어깨를 잔뜩 웅크리고 뭔가를 기록한다. 그것은 내 다짐일 때도 있고 비루한 마음의 고백일 때도 있다. 너의 이름일 때도 있고 '동그라미 그리려다 무심코 그린' 당신의 얼굴일 때도 있다. 로런스가 말한 '잠수'가 내겐 글쓰기가 될 터인데, 가장 깊숙한 곳에 자리한 '나'를 찾아 뛰어든 그곳에서 내 손으로 힘겹게 건져낸 보물이 결국 나만이 아니라 내가 좋아하는 당신의 얼굴이길 바란다.

수모의 공동체는 어떤 방언을 쓰는가

6년 만에 첫 소설집을 묶었다. '드디어' '마침내'보다 '무사히'라는 부사를 더 자주 떠올렸다. 습작 시절 문우들과 나누었던 말들도 생각났다. 그때 우리는 어차피 늦은 것, 죽기 전에 작은 책 한 권만 낼 수 있으면 더 바랄 게 없겠다고 말하곤 했다. 그건 가능성 작음을 향한 푸념이기도 했고 이 나이에 왜 이러고 있나 싶은 자조이기도 했다. 출간 직후 편집자가 보내준 책을 가만히 내려다보다가 6년 동안 애써 밀쳐두었던 자기연민이 언제라도 이쪽을 향해 덮쳐오겠다고 음험하게 일렁이는 환영을 본 것도 같았다.

　편집자와 교정지를 주고받으며 원고를 책의 꼴로 묶어내는 과정에서 폴 리쾨르의 서사 정체성(narrative identity)에 관해 자주 생각했다. 리쾨르는 '인간 실존의 의미는 이야기 담론 속에서 기억되고 회상되는 능력이고 잊히지 않는 능력'이라고 말했다. 나는 무엇을 기억하고 회상하려고 글을 쓰는가 생각했다. 어떤 면모를 잊히고 싶지 않아 쓰는 고통을 감수하는가. 고통이라고 말했지만 혹시 자기 전시의 욕망이 개입한 착각이 아닐까. 그러나 문장의 형태로 짜인 이야기들은 순전한 나만의 이야기가 아니었고 허구라고 말하기엔 곳곳에 내가 숨어 있었다. 내 이야기라고 생각하고 풀어낸 문장들은 자주 당신의 이야기와 부딪쳐 단단한 결절을 이루었다. 처음부터 다시 읽어본 책 안에 새롭게 당신의 얼굴이 비쳐 보였다.

책이 나오자마자 어떻게 알았는지 동네 친구가 인터넷 서점 화면을 캡처해 단톡방에 올렸다. 큰애 고등학교 학부모 독서 동아리에서 만난 이들과 7년째 꾸려가는 모임이었다. 우리 모임은 독서 모임이기도 했고 뜨개질 모임이기도 했으며 고건축물과 박물관, 미술관 탐방 모임이기도 했다. 이들 덕분에 단편 〈우리가 파주에 가면 꼭 날이 흐리지〉를 쓸 수 있었다. 파주는 동네에서 가까운 교외이고 모여 앉아 얘기를 나누기에 적당한 카페와 음식점이 많아 우리가 즐겨 찾는 곳이다. 그런데 우리가 파주에 가면 꼭 날이 흐렸다. 미세먼지가 심하거나 먹구름이 잔뜩 끼거나 비가 흩뿌렸다. 그러나 다섯 명의 기혼 유자녀 여성이 만날 약속을 잡으려면 날씨 따위는 고려 대상이 될 수 없었다. 언젠가 지금은 다른 도시로 이전하고 없는 국방대 앞 매운탕집에서 점심을 먹었다. 명절 연휴 직후였고 몇몇은 심각한 명절 후유증에 시달리고 있었다. 그날 우리는 모임을 시작하고 처음이자 마지막으로 낮술을 마셨다. 보글보글 끓는 매운탕 냄비를 가운데에 놓고 경쾌하게 소주잔을 부딪쳤다. 누구는 시댁에서 만난 차별의 경험을 토로했고 누구는 남편이 안겨준 서러움을 언급했다. 우리는 불쾌한 기분을 털어내려고 더 신나게 웃고 떠들었다. 그러다 문득 고개를 돌렸는데 어느새 식당 안을 가득 메운 군복 차림의 남자들이 일제히 우리 쪽을 보고 있었다. 그 눈빛에서 혐오를 읽어내기는 어렵지 않았다. 누군가 큰소리로 혀를 찼다. 여편네들이 재수 없게. 순간 얼굴이 달아오를 만큼 모욕을 느낀 사람이 나 혼자는 아니었을 것이다. 수모는 아무리 자주 겪어도 좀처럼 익숙해지지 않았다. 수치심을 삼키는 심정으로 우리는 각자 잔에 남은 술을 털어 넣었다. 책을 읽은 친구들이 이 에피소드를 보고 이제부터 자신들을 뮤즈라 부르라고 큰소리쳤다. 겨우 뮤즈? 당신들은 영감을 주는 뮤즈만이 아니라 공동의 경험과 기억의 실로 함께 이야기를 짜 내려간 동지다.

내 나이가 되면 '여편네'나 '아줌마' 같은 멸칭에 익숙해질 줄 알았다. 그러나 어떤 일이 있어도 혐오의 대상이 되는 일에 익숙해질 수 없으며 그래서도 안 된다는 걸 이제 안다. 자조를 섞어 스스로를 멸칭으로 부르는 사람도 자신이 고른 단어에 자신이 다친다는 사실을 뒤늦게 깨달았다. 대학교 1학년 때 그런 '아줌마'를 만난 적이 있다. 과외를 가려고 학교 정문 앞에서 전철역까지 가는 버스에 올라탔다. 퇴근 시간이라 버스 안은 몹시 붐볐다. 버스에 오르기 전부터 정신없이 등을 떠밀렸다. 전철역 앞에 내렸을 때 누가 팔을 붙잡았다. 나중에 알게 된 사실이지만 나보다 세 살 많은 같은 대학 선배 언니였다. 언니는 방금 버스 안에서 누가 내 가방에 손을 넣어 지갑을 빼내는 걸 봤다며 당장 지갑을 찾으러 가자고 했다. 얼른 확인해보니 정말로 가방 안에 지갑만 사라져 있었다. 지갑 안에는 주민등록증과 학생증이 들어 있었고 귓갓길에 전공 책을 사려고 찾아둔 만 원권 지폐도 제법 많이 들었다. 처음 당한 일에 당황해 어쩔 줄 모르는 나를 붙잡고 언니는 길을 건너 학교 앞으로 돌아가는 버스를 탔다. 버스 안에서 언니는 내 지갑을 훔쳐간 사람은 출퇴근 시간에 학교 앞과 전철역을 오가는 버스에서 '활약'하는 상습 소매치기인데 자기가 얼굴을 아니 꼭 붙잡아 내 지갑을 찾아주겠다고 비장하게 말했다. 그 순간에도 내 마음은 지갑을 영영 찾을 수 없으리라는 절망감과 이미 과외 시간에 늦어버렸다는 낭패감, 처음 보는 사람이 왜 이렇게까지 나를 도와주나 싶은 당혹감으로 복잡했다. 학교 정문 앞으로 돌아온 언니는 여전히 사람들로 붐비는 정류장 근처를 둘러보다가 저만치서 어정쩡하게 서 있는 왜소한 노인을 향해 달려갔다. 언니는 노인의 팔을 와락 붙잡고 소리쳤다. 아저씨! 저 학생 지갑 훔쳐갔죠? 내가 다 봤어요! 노인은 그런 일 없다고 딱 잡아뗐지만 나와 언니를 번갈아 보는 눈빛에 겁이 잔뜩 실려 있었다. 언니는 당장 경찰서에 가서 시비를 가리자고 을러댔다. 언뜻 젊은이가 노인을 괴롭히는 것처럼 보일 만큼 언니는 강경했고 노인은 허약했다. 언니가 경찰서 말을 몇 번 반복하자 노인은 체념한 얼굴로 양말 속에 감춰둔 만 원권 지폐 뭉치를 꺼냈다. 내가 과외를 하고 받는 한 달 보수의 절반이 넘는 금액이었다. 무사히 전공 책을 살

수 있으리라는 생각에 긴장이 풀렸다. 지갑은 벌써 칼로 잘라 학교 담장 너머 풀숲에 던졌고 신분증은 하수구 구멍에 버렸다고 했다. 언니가 담장 너머를 살피다가 지갑은 포기하는 게 좋겠다고 했다. 노인이 슬그머니 뒷걸음질을 치며 멀어졌다. 아저씨, 그렇게 살지 마요! 언니가 노인의 뒤통수에 대고 소리쳤다. 언니에게 고맙고 미안하다는 말을 하려는데 온몸이 떨리며 눈물부터 나왔다. 나는 겁먹은 어린애처럼 볼품없이 울었다. 언니가 내 어깨를 토닥였다. 나는 겨우 울음을 가라앉히고 사례를 하고 싶다며 언니의 연락처를 물었다. 언니는 사례 같은 건 됐고 나중에 다른 사람한테 갚으라고 했다. 그리고 덧붙인 언니의 말을 나는 수십 년이 지난 지금까지 아프게 기억한다. 나는 스무 살에 결혼하고 애를 낳은 아줌마예요. 아줌마는 원래 오지랖이 넓잖아요? 그쪽 지갑이 털리는 걸 봤는데 어떻게 그냥 지나가요? 그쪽도 나중에 아줌마가 되면 나처럼 할 거예요.

　타인을 향한 연민과 정의로움이 결합한 언니의 용기를 아줌마의 오지랖이라는 말로 부르면 안 된다는 것을 지금의 나는 안다. 신입생 시절 임신과 출산을 경험하고 아이를 돌보며 대학에 다녔을 당시 언니의 생활을 짐작해보다 도리질을 치기도 여러 번이었다. 타인의 삶을 함부로 재단하면 안 돼. 남의 행과 불행을 제멋대로 짐작하면 안 돼. 그러나 결코 평온하지만은 않았을 생활 속에서도 잘 알지 못하는 동료 여학생의 어려움을 외면하지 않고 기꺼이 도움의 손을 내밀었던 사람이라면 언니는 분명 돌부리에 채어 넘어진 일이 있어도 다시 일어나 씩씩하게 걸어가는 사람으로 나이 들었을 거라고 믿게 된다. 소매치기 노인을 향해 그렇게 살지 말라고 외칠 수 있는 20대 초반의 '아줌마'는 삶은 고통 속에서도 스스로 배반하거나 타협하지 않음으로써 가끔 반짝일 뿐 결코 저절로 빛나는 일은 없다는 사실을 일찍부터 깨달았을 것이다.

명절에 만난 엄마는 홀로 다른 속도의 시간을 살아가는 사람처럼 부쩍 늙어 있었다. 그러면서 소파가 많이 낡아 쓰기에 불편하니 새 소파로 바꾸자거나 에어컨이 오래되어 자꾸 고장이 나니 이참에 새로 사자거나 하는 자식들의 말을 한사코 거부했다. 당장 내일 죽어도 이상하지 않은 나이인데 쓸데없는 일에 무슨 돈을 쓰느냐는 엄마의 일관된 항변이었다. 만날 때마다 반복되는 이런 실랑이는 가끔은 마음을 다치는 싸움으로 번지기도 하고 옛날이야기로 이어져 그땐 그랬지 하는 애틋한 웃음으로 마무리되기도 한다. 이번 명절에도 엄마는 당장 내일 죽어도 이상하지 않은 나이라고 자주 말했다. 외할머니가 몇 살에 돌아가셨지? 엄마는 헤아려보지도 않고 곧바로 대답했다. 아흔여섯 살에. 그럼 엄마도 아흔여섯은 넘게 살아야겠네. 자기 엄마보다 오래 살라고 법으로 정해져 있잖아. 막무가내 같은 내 말에 엄마는 항복하듯 웃었다. 아흔여섯 살 넘게 살면 지금 소파를 바꿔도 10년 넘게 쓸 수 있겠네. 얼른 소파 알아보자. 언니랑 나는 보란 듯이 소파를 검색했다. 엄마가 어이없다는 듯 웃으며 말했다. 아휴, 징그러워. 앞으로 10년도 넘게 살아야 한다고? 그러면서 엄마는 방금 상을 물린 자식들 간식을 내오겠다며 끙 하고 무거운 몸을 일으켜 부엌으로 갔다.

엄마 옆에서 과일을 깎다가 나는 자전적 글쓰기의 전범이자 에세이스트, 비평가인 비비언 고닉의 회고록《사나운 애착》의 마지막 장면을 떠올렸다. "인생이 연기처럼 사라지네." 노년의 엄마가 중년의 딸에게 말한다. "정말 그렇네. 제대로 살지도 않았는데, 세월만 가버려." 딸의 대답에 엄마는 결심이라도 한 듯 강철 같은 목소리로 덧붙인다. "그러니까 네가 다 써봐라. 처음부터 끝까지, 잃어버린 걸 다 써야 해." 처음 신인소설상을 받으며 소위 '등단'을 했을 때 엄마는 내 소설이 실린 문예지를 가만가만 쓰다듬으며 말했다. "어떻게 내 속에서 이런 네가 나왔을까?" 나는 엄마로 이루어진 물질인걸? 나는 깜짝 놀라 속으로 대꾸했다. 엄마는 내 이야기의 원형이다. 엄마가 잃어버린 것은 내가 잃어버린 것으로 대물림되었고 그것들을 되찾는 방법은 고닉의 문장처럼 처음부터 끝까지 다 쓰는 방법밖에 없는지도 모른다.

수모의 공동체는 공통 기억으로 굴러간다. 그곳은 여성이라는 이름의 방언을 사용한다. 그 언어를 체득하고 사용하기로 마음먹는다는 것은 기꺼이 미움과 불화를 각오하고 관계를 시작하겠다는 말과 같다. 단 한 번의 포옹을 위해 먼 길을 달려오는 일보다는 나란히 한 방향으로 걸으며 긴 여정을 시작하는 일에 가깝다. 이제 겨우 한 고개 넘었으니 갈 길이 멀다.

기억을 안고 걸었다

아빠가 심정지 상태로 병원에 이송되었다는 전화를 받았다. 설 연휴를 보내고 일주일 후였다. 갑작스러운 일은 아니었다. 8년 전 심부전 진단을 받은 후 아빠의 심장은 여러 차례 경고 신호를 보내왔고 그 무렵에는 입원과 퇴원의 간격도 점점 짧아지고 있었다. 급히 올라탄 전주행 고속버스 안에는 한옥마을에 놀러 가는 젊은이들이 많았다. 그들은 원색의 트렁크를 짐칸에 올리고 화사한 빛깔의 옷을 입은 채 좌석에 앉아 사진을 찍으며 웃었다. 단체로 수학여행을 온 것마냥 버스 안 분위기는 비눗방울처럼 들떠 있었다. 나는 창밖으로 스쳐가는 빈 들판을 바라보며 아빠와 나눈 마지막 대화를 떠올렸다. 입맛 없어도 식사 잘 챙기셔야 해요. 아마 이런 말이었을 것이다. 아빠는 통증으로 밤새 끙끙 앓았고 죽 몇 모금도 그나마 약을 먹어야 해서 겨우 삼키고 있었다. 입맛 없어도 식사 잘 챙기셔야 해요. 고작 그런 뻔한 말이 마지막이 될 줄은 몰랐다. 이만큼이나 살았으면서 이토록 아는 게 없는 내가 어이없어서 나는 들뜬 승객들 옆에서 혼자 숨죽여 화를 냈다.

병원에 도착하자 응급실에서 억지로 살려놓은 아빠의 심장이 기다렸다는 듯 서서히 멈췄다. 의사가 사망 선고를 내렸다. 누군가 죽은 자도 청각만은 끝까지 살아 있는 법이라며 어서 아빠에게 마지막 인사를 건네라고 했다. 누가 아빠의 귀에 대고 애틋한 말을 속삭였다. 나는 끝내 아무 말도

하지 않았다. 아빠의 심장이 더는 뛰지 않는데 무력한 그 귀에 대고 사랑의 말을 속삭여봐야 그 말이 어디에 가닿을 수 있겠냐고 속으로 항변했다. 내 마지막 말이 컴컴한 '없음'에 닿았다가 날카롭게 방향을 틀어 내게로 돌아온다면 이번에는 내 심장이 견디지 못하고 부서질 거라고. 무수히 상상해왔던 이별의 순간이 예상과 전혀 다름을 자각하며 나는 그 무참함에 말없이 떨었다. 그 후 사흘의 장례식이 어떻게 흘러갔는지 잘 기억나지 않는다.

오래전 아이가 죽음이 뭐냐고 불쑥 물은 적이 있다. 그때 아이는 다섯 살 정도 되었을까? 하늘나라, 천사, 별과 같은 단어를 떠올리다가 나는 솔직해지기로 마음먹었다. 죽음은 다시는 만날 수 없는 거야. 엄마가 죽으면 다시는 못 만나? 응, 다시는. 아무리 보고 싶어도? 응, 아무리 보고 싶어도. 아이는 울음을 터뜨렸다. 아이는 한동안 영생에 집착했다. 엄마가 영원히 살 수 있는 약을 만들 거야. 아이는 진시황의 불로초 이야기나 생명공학에 관심을 보였다. 그런 아이를 볼 때마다 나는 아무것도 모르는 아이에게 모질게 군 내 입을 짓찧고 싶어졌다. 화장장 모니터 화면으로 아빠의 관이 이글거리는 화구로 들어가는 모습을 보았을 때 나는 다섯 살 내 아이처럼 겁에 질려 울었다. 아무리 보고 싶어도 다시는 아빠를 만날 수 없다는 자명함 앞에 항복하듯 울었다. 이제 불로초나 영생 같은 것을 믿을 수 없는 나이가 되어 악을 쓰며 울었다. 어느새 열여덟 살이 된 아이가 어린애가 되어버린 제 엄마를 안고 등을 쓸어주었다.

　할머니도 심장 질환으로 돌아가셨다. 아빠가 할머니를 모시고 병원에 갔을 때 따라간 적이 있다. 의사가 벽에 붙은 심장 그림을 가리키며 사람의 피가 어디서 출발해서 어디로 돌아가는가를 설명했다. 출발지의 피는 붉은색으로 도착지의 피는 푸른색으로 표시되어 있었다. 나는 그 출발과 도착과 순환의 역학이 궁금해 고개를 바짝 들고 의사의 말에 귀 기울였다. 의사가 붉은색과 푸른색 어딘가를 가리키며 할머니의 핏길이 뭔가로 막혔다고 말했다. 나는 어두컴컴한 할머니의 몸 어딘가에 혼자 음험하게 번들거리고 있을 조약돌을 상상했다. 병원에서 돌아온 후 한동안 밤마다 할머니의 순환을 막고 있는 그 조약돌을 누가 주워와야 하나 생각하며 잠들었다. 아무도 그 일을 해줄 수 없었는지 어느 날 새벽 할머니의 심장은 조용히 멈췄다. 친척들이 들이닥쳤다. 여자들이 재봉틀을 들고 와 큰방에 공장을 차렸다. 재봉틀 몇 대가 쉴 새 없이 돌아가며 누런 상복을 만들었다. 여자들은 부엌으로 몰려가 큰솥 가득 육개장을 끓이고 전을 부쳤다. 여러 집에서 가져온 전기밥솥이 계속 흰쌀밥을 지었다. 할머니 방에 병풍이 쳐지고 그 앞에 향로와 양초가 차려졌다. 친척 아이 하나가 병풍 뒤에 할머니가 누워 있다고 소곤거렸다. 우리는 당시 유행하던 〈전설의 고향〉을 입에 올리며 꺅 하고 비명을 질렀다. 마당 한가운데 큼직한 모닥불이 피어올랐다. 남자들이 모닥불 주위에 모여 서서 담배를 피우고 술을 마셨다. 조문객이 오면 아빠는 할머니 방에 들어가 양손으로 지팡이를 붙잡고 아이고, 아이고, 곡소리를 냈다. 아빠가 든 지팡이에서 생나무 냄새가 풍겼다. 아빠는 마당 곳곳에 차려진 손님상을 돌며 인사를 나누고 웃었다. 할머니가 죽었는데 자꾸 웃는 아빠가 어쩐지 부끄러웠지만, 밤이 늦어도 숙제해라, 씻고 자라는 어른이 없어서 어린 우리는 아빠보다 더 신나게 웃고 떠들었다. 어려운 두 자릿수 뺄셈 숙제를 하지 않아도 된다는 홀가분함이 너무 커서 다시는 할머니를 만날 수 없다는 생각은 하지 못했다.

아빠를 잃고 첫 번째 봄에 나는 눈만 뜨면 책상 앞으로 기어가 뭔가를 자꾸 썼다. 무슨 글인지 쓰는 나도 알 수가 없었다. 허술하게 삐걱거리는 문장의 주어는 늘 아빠였다. 내가 기억하는 웃음 많은 젊은 아빠가, 실패라는 통조림 속에 푹 절여진 중년의 아빠가, 질병을 입고 한껏 무거워진 노년의 아빠가 닥치는 대로 나타나 주어 자리를 꿰찼다. 몇 시간 동안 자판을 두드려 만든 문장들을 저장도 하지 않고 흘려보냈다. 기억하려고 불러낸 글이 아니라 저절로 쏟아진 글이었으니까. 그렇게 홀린 듯 문장들을 쏟아내고 더는 나오는 게 없어지자 집 밖으로 나갔다. 버스를 타고 시내로 나가 아이들이 학교에서 돌아오는 시간까지 목적지 없이 걸었다. 경복궁과 창덕궁, 창경궁, 덕수궁을 걷고 북촌과 서촌의 골목길을 훑었다. 멈춰서는 순간 뭔가가 뒷덜미를 챌까 두려워 쫓기듯 걸었다. 비 오는 날에는 신발이 젖도록 경복궁 안을 걸어 다니다 축축한 벤치에 앉아 경회루 앞 연못에 떨어지는 빗방울을 헤아리며 시간을 흘려보냈다. 어떤 것도 떠올리지 않으려고 애썼다. 어떤 기억이 급습해오면 그 시간 그 자리에 존재하는 '나'를 송두리째 집어삼킬 것만 같았다. 너무 걸어서 밤이면 다리에 쥐가 나 비명을 지르며 깨기 일쑤였다. 그 무렵 찍은 사진들을 꺼내 보면 사람이 피사체인 사진은 한 장도 없다. 파란 하늘을 배경으로 날렵하게 솟구친 고궁의 추녀라든가 좁은 골목길에 나란히 나와 있는 색깔도 모양도 제각각인 화분들, 칠이 벗겨지고 있는 낡은 철 대문, 쪽문 너머로 보이는 고택의 뒷마당처럼 엇비슷한 사진들이 수백 장도 넘게 찍혀 있다.

그 무렵 번역서 검토 의뢰를 받았다. 조 월튼의 《나의 진짜 아이들》은 2차 세계대전 직후 영국 사회를 배경으로 한 대체역사물이자 SF로 연인에게서 갑작스러운 청혼을 받은 주인공이 어떤 선택을 하느냐에 따라 두 세계가 갈라지면서 한 여성의 운명도 전혀 다르게 전개되는 이야기다. 한쪽 세계의 주인공은 남편의 청혼을 수락하고 다섯 번의 사산을 겪으면서도 네 명의 아이를 낳아 키우는데 어느새 중년이 되어 큰아들의 죽음을 겪는다. 아들이 숨을 거둔 후 병실을 정돈하는 간호사에게 주인공이 말한다. "오늘로 죽음을 세 번 봤어요. 처음은 어머니, 다음은 전남편, 그리고 이제 내 아들까지." 이 말에 간호사가 대답한다. "절대로 더 쉬워지는 법은 없지요." 이 문장을 옮기자마자 나는 날카로운 것에 찔린 사람처럼 헉하고 받은 숨을 내쉬었다. 절대로 쉬워지는 법이 없다는 그 말이 무서우면서도 어쩐지 등을 쓸어주었다. 이제 다 운 줄 알았는데 몇 달 만에 새롭게 울었다. 말리는 사람도 달래는 사람도 없어서 모처럼 맘껏 울었다. 눈물을 닦고 다시 모니터의 문장들을 바라보며 나는 이 책을 꼭 내 손으로 번역해야겠다고 마음먹었다.

기독교 철학자 니콜라스 월터스토프는 아들을 잃고 쓴 애가 《나는 사랑하는 사람을 잃었습니다》에서 '나의 상실이 곧 나의 정체성'이라고 말한다. '이 세상에 구멍이 하나 뚫렸다. 오직 구멍 하나가 남았다. 다시는 채워지지 못할 허공, 빈자리만 남았다.' 2014년 5월 언더우드국제심포지엄의 주강사로 초대받은 월터스토프는 광화문광장의 세월호 희생자 추모를 위한 노란 리본 아래서 힘주어 말했다. "세월호 희생자 가족들에게 '슬픔에서 벗어나라'고 얘기하지 마라. '괜찮다'고도 마라. 그들은 절대 괜찮지 않다. 괜찮을 수가 없다는 것을 먼저 알아야 한다." 그의 책을 읽으며 나는 어딘가의 구멍에 대해 오래 생각했다. 기억하지 않으려고 안간힘을 쓰며 걷고 또 걸었던 일이나 쏟아져 나오는 문장들을 어쩌지 못하고 자판을 두들겨댔던 일은 어쩌면 내게 생긴 구멍을 틀어막아보려는 헛된 시도였을지도 모른다. 그 섣부른 시도는 고통을 외면하고 달아나려는 비겁함에서 비롯되었을 것이다. 그 비겁함이 몸피를 부풀리면 상실의 당사자에게 이제 지겨우니 그만하라는 폭력의 말로 둔갑할 수도 있다는 자각이 들었을 때는 말 그대로 모골이 송연해졌다.

절대로 더 쉬워지는 법은 없지요. 그들에게 '슬픔에서 벗어나라'고 말하지 마세요. 구멍을 억지로 틀어막지 말아요. 음험하게 번들거리는 조약돌이 내 안의 어떤 길을 가로막게 놔두지 말아야지. 어느 날 무작정 앞만 보고 걷다가 우연히 당도한 광화문광장에 노란 리본이 깃발처럼 나부끼고 있었다. 서명을 받는 천막의 이름은 '기억 공간', 추모를 위한 전시장의 이름은 '기억과 빛'이었다. '기억'이라는 두 글자를 본 순간 나는 걸음을 멈추고 '세월호 참사 진상규명을 위한 특별수사단 설치'를 촉구하는 서명지에 내 이름을 적었다. 어쩐지 손이 떨려 글씨가 엉망으로 흔들렸다. 서명을 받는 여성분이 나를 보고 빙그레 웃어주었다. 나도 마주 웃었던가. 그날 나는 '기억'이라는 단어를 끌어안고 서대문 방향으로 내쳐 걸었다.

이름에게

이름〔명사〕

1. 다른 것과 구별하기 위하여 사물, 단체, 현상 따위에 붙여서 부르는 말.
2. 사람의 성 아래에 붙여 다른 사람과 구별하여 부르는 말.
3. 성과 이름을 아울러 이르는 말. 성은 가계의 이름이고 명은 개인의 이름이다.

우리 남매가 전부 열 살이 채 되지 않았을 때의 이야기다. 저녁상을 물리고 한가롭게 잡담을 나눴는데 어쩌다 친척들 이름이 주제로 떠올랐다. 우리는 할아버지와 부모님 이름은 당연히 알고 있었고 각 대의 항렬자도 알았는데, 할머니 이름은 몰랐다. 큰할아버지 성함은 이영근, 작은할아버지 성함은 이영태, 우리 할아버지 성함은 이영화, 큰아버지는 이태현, 작은아버지는 이성현, 아버지는 이계현 하는 식으로 돌림노래를 부를 수도 있었는데, 할머니 이름은 한 번도 들어본 적이 없었다.

아빠와 엄마는 굉장히 낯선 이름을 하나씩 알려주었다. 아빠의 어머니도 엄마의 어머니도 일단 성이 낯설었고(아빠의 성과도 엄마의 성과도 달랐다) 이름도 현대적이지 않다거나 하는 문제를 떠나 일단 글자의 조합 자체가 낯설었다. 두 분 다 구한말에 태어났으니 낯선 게 당연한 일일까? 아니다. 구한말에 태어난 것은 할머니들만이 아니었다. 할아버지들도 같은 시대에 태어났는데 그들의 이름은 조금도 낯설지 않았다. 미리 정해진 항렬자에 어울리는 좋은 글자 하나를 덧붙이는 방식은 우리 남매의 이름을 지을 때와 크게 다르지 않았다. 친할머니 이름도 외할머니 이름도 입에 붙지 않고 어쩐지 사람의 이름 같지 않다고 했더니 아빠가 말했다. 그래도 그분들은 자기 이름이 있고 그 이름을 족보에도 올렸으니 대단히 대우를 받은 셈이라고. 두 집 건너 사는 아빠의 당숙모는 이름이 그저 '애기'라고 했다. 권애기, 한애기, 송애기처럼 그 시절에는 여자아이 이름을 따로 지어주지 않고 성에 '애기'만 붙이는 일이 흔했다고. 아빠는 재미있는 이야기를 들려주는 것처럼 말했지만 나는 단박에 슬퍼졌다. 왜 그분들은 세상에서 가장 기본적인 자기증명의 기호조차 가질 수 없었을까? 이름이 필요 없는 사람이라니, 그런 존재가 있어서는 안 되는 게 아닌가.

이름 이야기는 한동안 이어졌다. 아빠는 그래도 세상이 점점 좋아져서 아빠의 누님이나 여동생의 경우 할아버지가 딸들에게 예쁜 이름을 지어주려고 고심했고, 그 결과 내 고모들의 이름에는 전부 아름다운 꽃 이름 한자가 들어간다고 살짝 자랑스럽게 말했다. 또 딸들을 향한 애정의 이름 붙이기는 할아버지에서 아빠로 이어져 나와 언니는 '딸임에도 불구하고' 남자 형제와 똑같이 항렬자를 넣어 이름을 지었고 당당히 족보에도 올렸다고 아빠는 조금 더 자랑스레 말했다. 그때 나는 아빠의 말을 애정으로 해석했던 것 같다. 성에 겨우 '애기'라는 식별 불가한 이름을 붙이고 유년을 보내다가 결혼과 함께 그 이름마저 ○○댁 혹은 △△엄마로 바꿔야 했던 할머니 세대와 비교하면, 이름에 항렬자를 넣고 족보에도 오른 내 세대 여성은 훨씬 나은 대우를 받은 것이라 믿고 싶었다.

처음부터 자기 이름을 짓는 사람은 없다. 이름은 일단 주어진다. 어떤 이름을 받느냐는 순전히 운에 달렸다. 그러나 처음 이름을 바꿀 권리가 우리에겐 있다. 적어도 이름 운이 좋지 않았던 이들에게는 원하는 이름으로 바꿀 기회가 주어진다. 또 이름은 어느 공간에서나 하나로 통하지는 않는다. 오늘날 이름은 복수다. 주민등록등본에 기재된 이름만 이름이 아니다. 소셜네트워크 안에서 통하는 이름이 있고 각자 속한 사회에서 통하는 이름이 있다. 그것은 별칭이기도 하고 제2의 이름이기도 하다. 스스로 자신에게 선물한 이름이라서 나는 별명이 좋다. 열여섯 살 교실에서 만난 한 친구는 자신을 '제아'라 불러달라고 했다. 왜냐는 질문에 그 친구는 대답했다. 나는 문제아니까. 나는 그 친구의 호기로움이 좋았다. 친구들은 전부 그 아이를 '제아'라고 불렀고 언제부턴가 출석부에 오른 그 아이의 '진짜' 이름을 잊었다.

간혹 필명을 써볼 생각이 없냐는 질문을 받는다. 그들

은 내 이름을 좋아하냐고 묻기도 한다. 생각해보면 내 이름을 사랑했던 적은 없지만 끔찍이 싫어하지도 않았다. 엄마는 할아버지가 고심해 지은 이름이니 감사히 여기라고 말했다. 크게 튀는 이름이 아니라 놀림감이 된 적이 없었던 걸 다행으로 여겨야 하나? 초등학교 시절 이름과 관련한 별명은 '주전자'가 다였다. (성이 김이면 무조건 '김일성'이라고 놀림 받던 암흑의 시대였다.) 이름과 관련해 상처받은 적은 없다. 그러나 대단한 애정을 담아 지은 이름이라고는 생각하지 않는다. 할아버지는 내 이름을 지을 때 종손을 기대하던 마음이 어그러져 조금, 어쩌면 많이 언짢았을 것이다. 그래도 내 이름에 화풀이를 하지 않은 할아버지의 참을성과 인격에는 꽤 감사한 마음을 품고 있다.

버젓한 이름을 갖지 못한 채 살아가는 수많은 '애기'들의 이야기는 슬프지만, 버젓한 이름을 버젓하게 쓰지 못하는 여자들의 이야기에는 화가 난다.

영문학을 대표하는 대문호 제인 오스틴은 생전에 발표한 대부분의 작품에 자신의 이름을 기재하지 못하고 그저 '어느 숙녀가(by a lady)'라고만 표시했다. 여성의 펜 끝에서 수백 년을 이어갈 위대한 문학 작품이 탄생한 시대에도 여성 작가는 환영받지 못했다.

프랑스 낭만주의 시대 시인이자 소설가 조르주 상드는 시인, 피아니스트, 조각가 등 수많은 예술가에게 영감을 안겨준 뮤즈로 알려졌지만, 시대는 그에게 아망틴 오로르 뤼실 뒤팽이라는 본명을 버리고 조르주 상드라는 남자 이름을 쓰게 했다. 시대는 그에게 남자 이름만 강요한 게 아니었다. 예술에도 사랑에도 언제나 진심이었던 그에게 시대는 '세기의 뮤즈'와 '방탕하고 난잡한 여자'라는 이름을 동시에 안겨주었다. 쇼팽과 함께한 마요르카섬에서의 10년 동안 쇼팽은 상드의 품에서 위안을 받고 〈빗방울 전주곡〉을 바치기도 했지만, 그 시절 상드가 받은 이름은 기껏 '쇼팽의 여자'였다.

상드와 비슷한 시기에 영국에서 태어난 또 다른 '조르주' 조지 엘리엇도 남성 필명을 썼다. 엘리엇이 남성의 이름으로 작품을 발표한 것은 당시 여성 작가들의 천편일률적인 로맨스 소설을 조롱하기 위해서라는 말이 있는데, 그게 사실이라 해도, 아니 사실이라면 더욱 슬픈 일이 아닐 수 없다. 여성 작가들의 작품 경향을 비판하기 위해 왜 남성의 이름이 필요하다는 말인가.

미국의 SF 작가 제임스 팁트리 주니어의 본명은 앨리스 브래들리 셸던이다. 심리학 박사 학위를 따는 과정에서 스트레스를 풀기 위해 과학소설을 쓰기 시작했는데, 여성 작가에 대한 편견이 싫어서 남성의 이름 제임스와 당시 유명한 잼의 상표였던 팁트리라는 성을 조합해 필명으로 사용했다. 1968년부터 본격적인 전업작가의 길에 들어서는데

1977년 팁트리가 여성이라는 사실이 밝혀졌을 때 과학소설계의 충격이 이만저만이 아니었고, 이를 '팁트리 쇼크'라고 부르기도 했다. 여성에 대한 편견이 싫어서 남성의 이름을 쓸 수밖에 없었던 그 선택이 나는 슬프다.

영국의 대표적인 추리작가 P. D. 제임스는 필리스 도로시 제임스라는 이름의 약자를 써서 여성의 이름임을 감춘 경우다. 당시 추리물은 남성 작가들의 전유물이었기에 업계에 진출하기 위해서는 지나치게 여성적인 이름을 피해야 했다. 그리 먼 과거의 일도 아닌데 이런 사례를 접하면 화가 나고 슬퍼진다. 그러니 여성 작가 혹은 예술가의 이름에 여전히 권위 있는 남성 대표자의 이름을 가져와 '여자 ○○○'라고 부르며 '칭찬'하는 행태를 보면 화가 증폭된다. 그게 칭찬이 아니라 비하가 될 수도 있다는 걸 왜 모른단 말인가.

언니가 고양이를 입양했을 때 우리는 저마다의 애정을 담아 이름을 붙여주고 싶어 했다. 애정이 지나쳐 고양이는 호두라는 퍼스트 네임 뒤로 각자의 마음을 꼬리처럼 길게 붙이게 되었다. '호두 더 라떼 아로니아 바로네즈 3세'는 이렇게 사랑 가득한 명명 행위의 증거가 되었다. 아로니아 농장에서 구조되었을 때 어미와 형제들에게 따돌림을 당했다는 이 아이의 사연이 우리 가족의 연민을 더욱 부채질했다. 고양이는 도도하고 쉽게 곁을 내주지 않아 집사인 언니의 애를 태우지만 그런 아이를 미워하는 이는 아무도 없다. 그게 평범하고 당연한 일이어야 한다는 것을 언니와 고양이를 보고 배웠다.

　이름은 식별과 호명의 기본 수단이지만 그것에 그쳐서는 안 된다. 그건 말 그대로 기본 중의 기본이다. 우선 정확한 명명이 전제되어야 한다. 그래서 왜곡과 혐오를 목적으로 하는 멸칭은 이름이 될 수 없다. 첫 이름이 정확하다면 이제 별명의 차례다. 정확함이 이름 붙이기의 기본이라면 이름 바꾸기의 전제는 애정이다. 오직 애정으로 붙이고 또 붙인 이름만이 길어질 수 있고, 우리는 마음을 다해 긴 이름을 부르는 수고로움을 자처할 것이다.

어머니 내게 송곳니를 심어주었네

남동생은 학교에 들어가 한글을 배우기도 전에 할아버지에게 《사자소학》을 배웠다. 큼직한 한자가 쓰인 누런 한지 책을 사이에 펼쳐놓고 할아버지가 한 줄을 읽으면 동생이 따라 읽었다. '부생아신 모국오신(父生我身 母鞠吳身)이라. 아버지는 내 몸을 만드셨고 어머니는 내 몸을 기르셨다.' 그들만의 서당에 초대받지 못한 나는 저 판에 끼어 앉아 함께 배우고 싶다는 욕망과 저 고루한 먹글씨에 사로잡히지 않아서 다행이라는 안도감을 동시에 느끼며 서당 개처럼 주위를 얼쩡거렸다.

수십 년이 흘렀고 내 아이를 데리고 고향 친가에 놀러 갔을 때, 어느 날 아버지가 아이 앞에 현대식으로 깔끔하게 인쇄된 《사자소학》을 내밀었다. 아이를 위해 작은 벼루와 붓, 먹까지 마련해놓은 아버지는 오랜만에 소꿉장난을 벌이는 아이처럼 달뜬 얼굴로 '서당 놀이'를 벌였다. 아버지가 《사자소학》의 그 유명한 첫 구절을 읊었다. '부생아신 모국오신이라. 아버지 내 몸을 낳으시고 어머니 내 몸을 기르셨네.' 아이는 아직 분명하지 않은 발음으로 무슨 뜻인지도 모르는 문장을 귀엽게 따라 했다. 거의 30년 만에 서당 개 신세가 된 나는 그들만의 서당에 과감히 난입했다.

"이 아이 몸은 내가 낳았고, 이 아이 몸도 내가 길렀어요."

《사자소학》이 대변하는 사상 혹은 제도에서 '나'를 낳고 만든 주체는 '아버지'이고, 아버지가 만들고 어머니가 기르는다는 그 '나'는 사실상 '아들'만을 의미한다. 철저히 그들만의 리그이고, 이 안에 어머니와 딸은 없다. 오직 조력자와 서당 개로만 존재할 뿐. 우리는 이를 소외 혹은 배제라고 부른다. 이렇게 어머니와 딸의 첫 만남이 '그들만의' 리그에서 소외된 상태에서 이루어진다는 사실은 '우리만의' 불행을 배태한다. 그 불행의 씨앗을 어떤 풀로 키우는지 혹은 뽑아내는지에 따라 개별의 모녀 관계가 각기 다른 모습으로 펼쳐지지만, 출발점은 지긋지긋하리만큼 언제 어디서나 한결같다.

어머니는 나를 낳아서 불행했다. 나를 향한 어머니의 만져질 듯 분명한 사랑에도 불구하고 이는 명백한 사실이다. 다시 말한다. 어머니는 나를 낳았을 때 인생에서 가장 큰 불행을 느꼈다.

최초의 기억 중 하나. "네가 이번에 터를 잘 판 고 녀석이로구나?" 일가친척 어른들은 내 머리를 쓰다듬으며 이렇게 말했다. 그들에게 나는 남동생에게 어머니의 배 속 터를 잘 팔아넘긴 아이였다. 그들의 말에 따르면 어머니의 배 속 터는 부동산처럼 거래가 가능하며, 이후에 태어난 아이의 성별은 직전에 태어난 아이의 능력과 관계가 있다. 종가의 둘째 '딸'로 태어나 태생부터 무능했던 내가 남동생이 태어나자마자 부동산 거래를 잘해낸 능력자로 급부상했다. 아기

남동생을 보러 온 어른들은 어머니도 아닌 나를 칭찬했고, 올 때마다 자꾸 내 손에 사탕이며 과자를 쥐여주며 잘했다, 장하다, 칭찬을 퍼부었다. (어린 나이였지만, 그 순간에도 나는 그들의 논리가 참으로 허술하다 싶어 어리둥절했다. 나는 남동생의 출생에 관해 그 어떤 노력도 하지 않았는걸요?) 남동생을 낳았을 때 어머니는 인생에서 가장 큰 행복을 느꼈고 나는 심각한 충치를 얻었다.

나를 낳은 사람은 어머니고 나를 기른 사람도 어머니다. 어머니는 딸을 낳아서 불행한 사람이었지만, 그 불행마저도 오로지 자신의 헌신과 책임으로 돌파해나가야 한다는 생각으로 그 딸을 사랑했다. 남동생이 할아버지 할머니 무릎에서 크느라 어머니의 몸이 내 차지가 된 것은 이 이야기의 가장 아이러니한 대목이다. 사실 어머니에겐 아들을 맘껏 예뻐할 기회조차 주어지지 않았다. 무의식에서도 늘 어머니를 차지할 생각으로 목말랐던 나는 어머니에게 버림받는 꿈을 반복해서 꾸었고, 현실에서도 늘 어머니 치맛자락을 붙잡고 놓지 않는 그악스러운 아이로 자랐다.

돌이켜보면 놀랍게도 내가 어머니를 잃을까 봐 가장 전전긍긍했던 때는 어머니가 오직 나의 어머니만이 아니라 누군가의 '딸'임을 발견했을 때다. 여름방학이면 어머니는 우리 남매를 외가에 며칠씩 보냈는데, 거기서 우연히 어머니의 여고 시절 사진을 보았다. 세피아빛 사진에 포착된 어린 어머니는 아름다웠다. 여러 딸들 가운데 유일하게 여고를 다닐 수 있게 '허락'을 받았다는 어머니. 공부도 잘하고 손도 야무져서 늘 칭찬을 들었다는 어머니. 사진을 찍었을 당시 어머니는 무엇을 보고 있었을까? 그 총명한 눈동자가 예견했던 것이 무엇이었든 간에 적어도 지금 내 곁에 있는 어머니의 모습은 아니었을 거라는 자각이 어린 나를 한없이 불안하게 했다. 사진 속 이 아름다운 소녀가 도달한 미래가 고작 나라서. 그 사실을 깨달은 소녀가 나 때문에 한껏 불행해진 어머니를 거두어 어디론가 달아나버릴까 봐서. 아홉 살이나 되었는데 그날 나는 자다가 외가 이부자리에 실수를 해버렸고, 옆에 있었던 언니는 그 일을 지금껏 세상 창피한 기억으로 떠올린다.

어머니는 늘 미안하다고 말한다. 이렇게 무능한 어머니에게 태어나게 했다고, 잘 못 먹이고 잘 못 입혔다고. 나 역시 어머니를 생각하면 늘 미안한 마음부터 떠오른다. 어머니의 딸로 태어난 일 자체가 내 죄책감의 근원이다. 어머니와 딸은 죄책감이라는 쌍둥이를 사이에 두고 '딸을 낳아 불행한 딸'과 '딸로 태어나 불행한 딸'이라는 자매 관계로 확장된다. 딸을 낳는 순간 어머니의 어떤 부분이 산산이 깨져버렸고(실제로 어머니는 나를 낳고 집안 어른들에게 너무 죄스러워 미역국도 먹지 않았다고 한다), 그 교차의 순간 어머니의 깨진 조각 하나가 내게로 흘러들어와 단단히 박혔다. 유리

알 같았을 그 조각은 내 안에서 상처를 자양분 삼아 무럭무럭 자랐고, 죄책감과 분노를 반반 섞은 날카로운 결정이 되었다. 살면서 밖을 향하기보다 안을 찌를 때가 훨씬 많았던 그 조각이 제법 단단한 송곳니가 되어 반짝인다면, 이제 나는 자랑스럽게 그 이빨을 드러내며 말하고 싶다.

"어머니는 내 몸에 송곳니를 심어주었어요."

정전은 다시 쓰여야 한다. 내겐 당장 어머니와 딸이라는 책이 필요하다. 단 한 번도 주인공이었던 적이 없는, 조력자와 서당 개 역할만 주어진 채 그들만의 서당을 얼쩡거렸던 우리만의 서사가 필요하다. 죄책감을 먹고 자란 서당 개의 날카로운 송곳니로 고루한 책들을 실컷 물어뜯는 것부터 시작해야지. 그리고 새롭게 한 글자 한 글자 써 내려가고 싶다. 그러려면 내 이해의 범위를 벗어나 먼 곳에서 부유하던 어머니의 불행과 행복을 읽는 작업부터 시작해야 한다. 어머니의 책은 분절하듯 딸이라는 속편으로 흘러들 것이다. 간혹 미움과 원망이 가득한 챕터를 만날 것이다. 다 찢어버리고 싶을 만큼 모멸감을 안겨주는 문장도 만날 것이다. 그러나 존재하지 않는 책을 발견하는 방법은 오직 하나, 기어이 쓰는 일밖에 없다. 그렇게 힘겹게, 간혹 누덕누덕 이어 붙여가며 완성한 책은 보편적이면서 동시에 개별적인 또 다른 어머니와 딸의 이야기를 지류로 만나 어느새 큰 물이 되어 흐를 것이고, 큰 물은 어떤 혐오나 배제의 시도를 만나도 쉽게 끊이지 않을 것이다. 그토록 너른 물이라면 곳곳에서 비명을 지르는 어머니와 딸의 무수한 비극을 씻어낸들 여전히 시퍼렇게 살아 기세등등하게 흘러갈 것이다.

악몽의 계보

꿈 이야기부터 해볼까? '불안은 영혼을 잠식한다'는 문장이 성립한다면 불안이 내 무의식을 잠식해 빚어낸 것이 바로 악몽일 것이므로. 어쩐지 부끄럽지만 기억할 수 있는 유아기부터 20대 후반까지 반복된 악몽의 주제는 엄마를 놓치고 혼자 남아 서럽게 울부짖는 꿈이었다. 맨발로 엄마를 쫓아 뛰어가보지만, 골목길을 벗어나면 어느새 엄마의 모습은 보이지 않는다. 나는 그 자리에 주저앉아 목놓아 운다.

돌이켜보면 꿈 밖에서도 나는 늘 엄마를 잃을까 봐 안달하는 아이였다. 유년의 나는 어느 일요일 안방 텔레비전 앞에 앉아 〈엄마 찾아 삼만리〉를 골똘히 보고 있다. 조그만 흑백 화면 속에서 어린 마르코가 항구 선착장을 막 출발하는 커다란 여객선을 향해 마구 내달린다. 마르코는 간발의 차로 그리도 어렵게 찾아 헤맸던 엄마를 놓친다. 엄마! 엄마! 애절한 마르코의 외침이 항구의 대기 위로 허무하게 흩어지고, 커다란 기적 소리만 무심하게 공기를 뒤흔든다. 마르코에게 한껏 이입해버린 나는 울먹울먹 씨근거리다가 문득 뒤를 돌아본다. 거기 내 어머니가 외출 준비를 하며 손거울을 들고 화장을 하고 있다. 볼품없는 어머니의 화장품들이 뚜껑이 열린 채 방바닥에 널려 있다. 엄마! 나는 마르코보다 서럽게 내 어머니에게 달려가 그 품에 안긴다. 어머니는 깜짝 놀라 반사적으로 나를 안았다가 텔레비전 화면을 보고 갑자기 웃음을 터뜨린다. 어머니 품에 안겨 내 엄마는 마르코의 엄마처럼 외국으로 떠나버리지 않았음을 물리적으로 확인하는 사이 나는 어쩔 수 없이 어머니의 공들인 화장을 망가뜨리고 만다.

 나는 요즘 말로 어머니 '껌딱지'였다. 아깃적부터 다른 사람 품에는 절대 안기려 들지 않았고, 낯선 사람과 눈만 마주쳐도 자지러지게 울었다는 이야기를 여러 사람에게서 여러 번 들었다. 어느 명절의 기억이다. 나는 대문 앞에서 어머니에게 혼나고 있다. 어머니가 내게 무서운 표정을 지으며 화를 내는 일은 좀처럼 없는 일이다. 나는 시장에 가려는 어머니를 따라가겠다고 우기다가 혼나는 중이다. 처음에는 어머니가 나를 두고 — 버리고 — 혼자 어디론가 가버린다는 생각에 절망했고, 나중에는 어머니가 나를 미워한다고 생각해 두려웠다. 어머니는 굉장히 지친 얼굴로 대문 밖으로 나가버렸고, 나는 흙 마당에 주저앉아 울부짖고 있다. 몸집이 큰 어떤 사람이 나를 달싹 안고 집 안으로 들어간다. 그 사람은 나를 품에 꼭 끌어안고 엉덩이를 토닥거리며 내 몸을 리드미컬하게 흔든다. 그는 내 아버지의 여러 누님 중 한 사람이다. 아이고, 서러워라. 아이고, 억울해라. 그 사람 옆에 있는 또 한 사람이 — 그 역시 나의 고모 가운데 하나다 — 추임새를 넣어가며 나를 달랜다. 우리 공주님은 무슨 공주님인가요? 사과를 좋아하니까 백설공주님인가요? 이렇게 서럽게 울어 선화공주님인가요? 고모들은 이날의 해프닝이 재미있어 죽겠다는 듯이 웃음기를 머금은 음성으로 나를 달랜다. 호동왕자님을 만나려니 낙랑공주님인가요? 바보온달을 만나려니 평강공주님인가요? 나는 울음 끝에 딸꾹질을 멈추지 못해 괴롭다. 아직도 서러워? 고모가 네 엄마를 혼내줘야겠다. 이렇게 예쁜 우리 공주님을 울렸으니 이놈 해줘야겠다. 이목구비 어딘가 나와 조금씩 닮았고, 성씨가 같은, 무엇보다 나와 같은 집에서 태어난 나이 든 여자들이 나를 안고 나의 어머니를 혼내야겠다고 말한다. 어머니가 '형님'이라고 부르는 그 여자들이 정말로 내 어머니를 혼낼까 봐 나는 두렵다. 순식간에 나는 고모 품에 안긴 어린 조카가 아니라, 어머니를 위협하기 위해 적의 손에 붙잡힌 인질이 되고 만다.

> 어머니가 딸을 잃는 일, 그리고 딸이 어머니를 잃는 일은 근원적인 여성 비극이다.*

30대가 되고 내 아이가 생긴 후로 악몽의 판도가 극적으로 바뀌었다. 이제 내가 내 아이를 자꾸만 놓칠 위기에 처

---

* 에이드리언 리치, 〈여성으로 태어남에 대하여: 경험과 제도로서 모성〉 중 '어머니와 딸'에서, 《우리 죽은 자들이 깨어날 때》(이주혜 옮김, 바다출판사, 2020), 194쪽.

한다. 재앙의 한복판에서 나는 늘 아이를 안거나 업고 있는데, 적을 — 때로는 괴물을, 좀비를, 악당을, 자연재해를 — 피해 달아나려고 할 때마다 아이의 무게는 천근만근이 된다. 나는 아이를 안고는 단 한 발짝도 내딛지 못한다. 오래전 시나리오 작업을 할 무렵에는 촬영팀이 장비를 챙겨 다음 촬영지로 우르르 몰려가는데 나만 무거운 아이를 챙기느라 그들을 놓치고 막막하게 빈 거리에 서서 우는 꿈을 반복적으로 꾸기도 했다. 저렇게 무거운 아이를 안고 있느라 해야 할 일을 제대로 못하는 볼품없는 생이라니, 정확히 이런 표정으로 나를 일별하던 꿈속 영화감독의 얼굴은 지금 떠올려도 가슴이 서늘해진다. (사실 시나리오 작업과 촬영 현장은 전혀 상관이 없었고, 나는 무사히 완성한 시나리오를 넘겼으며, 촬영 현장에 갈 일도 없었고 가고 싶다는 생각도 한 적이 없다.) 그때 꿈속의 내 감정은 무엇이었을까? '아이를 놓치고 싶지 않아!'였을까? '아이를 버리고 저들을 따라가고 싶어!'였을까?

이쯤에서 눈치챘겠지만, 내가 지금 늘어놓는 이야기는 흔하디흔한 이야기다. 너무 흔해서 슬픈 이야기다. 과거에도 현재에도 여전히 흔하고 여전히 슬퍼서 화가 나는 이야기다. 단 한 번도 제대로 마주 보지 못한 어머니(들)와 딸(들)의 이야기다.

어머니는 나를 사랑했다. 이 문장을 나는 단 한 번도 의

심한 적이 없다. 종가에 종부로 시집와서 둘째로 '또' 딸을 낳고 집안 어른들에게 '죄스러워' 미역국도 못 먹고 울기만 했다는 어머니지만, 산실 앞을 서성이며 "뭐를 낳았냐?"라고 묻는 남자 어른들에게 "아무것도 아닌 것"을 낳았다고 기어드는 목소리로 전했다는 어머니지만, 어머니는 분명히 나를 사랑했다. 증거를 대라면 만 가지도 넘게 말할 수 있을 정도로 어머니는 내게 다정했다. 그러나 나는 아이를 낳은 서른 살까지 지속해서 어머니에게 버림을 받고 길거리에 홀로 앉아 울부짖는 꿈을 꾸다 깨어났다. 어떤 불안이 집요하게 내 무의식을 잠식해버렸다.

스무 살이 되어 집을 떠나 낯선 도시로 옮겨간 이후로, 어머니는 가끔 전화를 걸어 간밤 꿈자리가 사나우니 조심하라는 말을 하곤 했다. 나는 어머니가 나의 안위를 걱정해주는 게 좋아서 알겠다고 말하고 전화를 끊었지만, 어머니의 사나운 꿈자리를 신경 쓰지는 않았다. 그런 미신 따위, 하고 무시했던 것도 같다. 심지어 어떤 꿈을 꾸었는지 궁금해하지도 않았다.

어머니가 온통 내 어머니이기만을 바랐던 나의 욕망이 살짝 어긋나는 순간들이 있었다. 외갓집에서 낡은 앨범에 끼워진 어머니의 10대 시절 사진을 보았을 때나, '그이가 책을 선물해주었다. 기쁜 마음으로 읽었다'라는 어머니의 결혼 전 일기장을 훔쳐보았을 때가 그런 순간들에 속한다. 낚시하러 다녀온 이웃이 귀한 거라며 전해준 커다란 잉어를 — 정말 컸다! — 징그럽다며 몰래 버리는 모습을 목격했을 때 어머니는 얼마나 낯설었던지! (어머니는 강하다며?) 꽤 최근에 어린 시절 시금치 된장국을 먹어본 적이 없다고, 우리 고향에서는 흔한 음식이 아니냐고 묻는 나에게 시큰둥하게 "그야 내가 시금칫국을 싫어하니까 안 했지"라고 '쿨하게' 대답하는 어머니는 또 얼마나 다른 사람이었던가. 순간순간 낯선 이면을 보여주었던 어머니가 내가 아이를 낳았던 산부인과 분만실 앞에서 아이의 성별이 남성임을 확인하자마자 다리에 힘이 풀려 주저앉으며 울음을 터뜨렸던 그 어머니와 같은 사람이라는 것, 이 간극이 내겐 그 어떤 악몽보다 들여다보기 두려운 심연이다.

이런 면에서 나는 지금껏 어머니와 각자 이름을 가진 존재로서 서로 마주 보고 섰던 적이 단 한 번도 없다는 사실에 놀란다. '죄스러운 며느리'와 '아무것도 아닌 것'으로 만났던 우리의 처음에 절망한다. 그런 시작을 만들어낸 외연에 분노한다. 어머니를 제대로 부를 이름이 없다는 사실에 좌절한다. 어머니와 딸이 아니라 최현덕과 이주혜로 호명해본들, 최현덕이라는 이름은 어머니의 아버지가, 이주혜라는 이름은 나의 할아버지가 지은 것일 뿐, 여기에 우리의 마음과 뜻은 단 한 톨도 개입되지 않았다.

우리는 어디로 가야 하죠? 우리는 완벽한
어머니에게 물어요. 당신은 우리에게
무엇을 원하죠? 그녀는 어디서도
찾을 수 없네요.
우리가 산산조각 깨뜨려버린
쿠키 단지 속에도 없고
윤이 나는 부엌 바닥 밑에도 없고
우리 입술 위에도 없어요.
여기 우리는 두려움으로 얼어붙어,
완벽한 어머니를 애도하는데, 그녀는
제 아이들의 꿈속에서
덫에 걸린 고양이에게 붙들려 있죠.*

나는 줄곧 악몽을 꿔왔다고 생각했지만, 사실 꿈속에서조차 어머니를 그악스레 붙들고 놓아주지 않았던 게 아닐까? 혹시 나는 어머니의 꿈에 천근만근 무거운 쇠붙이 아이로 등장해 그의 꿈을 어둠으로 물들인 불청객이 아니었을까? 이제 나는 내 아이를 꿈꾸느라 어머니를 놓치고 우는 꿈을 더 이상 꾸지 않는데, 어머니는 요즘 어떤 악몽으로 밤새 흐느끼는 걸까? 가끔 꿈자리가 사나우니 조심하라 당부

---

* 수전 그리핀, 〈완벽한 어머니(The Perfect Mother)〉(《Bending Home: Selected Poems 1967-1998》에 수록된 시의 일부를 저자가 직접 옮겼다.)

하는 어머니는 도대체 어떤 꿈으로 편안한 밤을 잃고 이른 아침부터 딸에게 전화를 걸었을까? 또 나는 왜 무슨 꿈이었냐고 묻지 않은 걸까? 내가 바로 악몽의 근원이라는 답이 돌아올까 봐 두려운 것은 아닐까?

아이들이 얼추 크고 40대 중반에 이르렀을 때 내 악몽은 새로운 주제를 드러냈다. 꿈속에서 나는 언제나 낯선 곳에서 신발을 잃어버린다. 새로 지은 집에 이사를 들어가기도 하고, 처음 누군가를 만나는 중요한 자리에 나가기도 하는데, 밖으로 나가려고 할 때면 어김없이 현관에 수십 켤레의 신발이 나뒹굴고 있는 와중에 내 신발만 보이지 않는다. 나는 꿈인 줄도 모르고 막막한 마음으로 신발을 찾아 맨발로 돌아다닌다. 내 맨발이 향하는 길은 종로3가 뒤편의 골목길이기도 하고 대학 캠퍼스 잔디밭이기도 하다. 어린 시절 언니와 함께 갔던 어두컴컴하고 담배 냄새 풍기는 극장 안이기도 하고 내 아이들을 키웠던 대전의 아파트 모래 놀이터이기도 하다.

신발을 잃어버리는 꿈은 꽤 자주 꾸지만 나는 여태 잃어버린 신발을 찾지 못했다. 흐느끼며 잠에서 깨어난 내 발은 차디차다. 넌 날 닮아 손발이 차니 늘 양말을 신고 다니렴. 언젠가의 어머니 말이 고스란히 떠올라 꿈의 여운에서 완전히 벗어나지 못한 채로 마저 운다. 그런 밤이 꽤 있다. 어머니도 내 아이도 등장하지 않지만 결국 어머니의 음성으로 돌아가게 만드는 밤들이. 어디에도 닿지 못하고 그저 울고만 마는 시간이.

다시 말하지만, 이건 흔하디흔한 이야기다. 동서고금을 막론하는 이야기다. 어떤 어머니도 자신의 딸을 온전히 소유하지 못한다. 어느 딸도 어머니를 완전히 차지하지 못한다. 둘을 하나로 이어주는 '정통' 계보는 없다. 오직 악몽의 계보뿐. 둘은 사랑해서 원망하고, 원망해서 죄책감을 느낀다. 월식처럼 겹쳐서 가려지고 헤어지며 드러난다. 페르세포네가 아니고선 누구도 데메테르 같은 어머니를 가지지 못한다. 사라진 딸을 찾아 그리스 전역을 애타게 돌아다니다 끝내 딸을 찾지 못하자 대지에 극심한 가뭄을 일으키며 분노를 표출하는 어머니는 오직 데메테르뿐이다.

그러므로 나의 악몽은, 즉 나의 불안은 태생적이다. 세상에 환대받지 못한 채 태어난 나의 근원적 분노다. 이미 너무 늦어버렸다는, 처음부터 이 불행을 바로잡을 수 없었다는 자각이 내 불안의 씨앗이다. 모든 사람은 어른이 되기 위해 아버지를 죽여야 한다는 '아버지 죽이기' 서사가 만연할 때 우리 딸들에게는 아버지를 죽일 기회가 오지 않았고 — 그런 게 있다면 — '어머니 죽이기'를 시도할 어머니도 존재하지 않는다. 우린 첫 만남부터 서로를 잃고 마니까.

그러므로 이 이야기의 마무리는 존재하지 않는 것을 호명하는 것부터 시작해야 할지도 모르겠다. '아무것도 아닌 것'으로 태어난 내가 역시 누군가에게 '아무것도 아닌 것'이었을 나의 근원을 부르는 것부터. 그럼 이제 나의 질문은 새로워져야겠다. '어머니, 나를 사랑하나요?'도 아니고 '나는 어머니 악몽의 주제인가요?'도 아니다. '어머니' 말고 '최현덕 씨' 말고 당신을 뭐라고 부르면 좋을까요? '원하고 원망하는' 이름이라도 있나요? 그 은밀한 소망을 지금이라도 ― 너무 늦기 전에 ― 제게 알려줄 생각은 없나요? 그러면 우리 이제야 서로를 제대로 호명하고 마주 볼 수 있지 않을까요?

당신의 이름을 알고 싶어요. 당신을 배우고 싶어요. 우리 제발 이 지긋지긋한 악몽의 계보를 벗어던져요.

2부

언어가 없는 곳에 빛을 비추는 사람

고통을 피우다

《앨리스, 깨어나지 않는 영혼》수전 손택

배정희 옮김, 이후, 2007

《가든 파티》캐서린 맨스필드

정주연 옮김, 궁리, 2021

영원한 소실점에 도달하리라

아빠, 나 자살해도 되나요?

허락을 구하는 질문은 아니었다. 자살을 용서할 수 없는 죄악으로 여긴 당대의 종교와 윤리를 향한 일종의 반발이었다. 나를 만든 아버지 당신은 견딜 수 없는 고통에서 벗어나려는 딸의 안간힘과 엄혹한 윤리의 잣대 중 어느 편에 서겠냐는 서늘한 항변이었다.

루이스 캐럴이 옥스퍼드 크라이스트처치 대학 재직 시절 학장의 둘째 딸 앨리스 리델을 모델로 '이상한 나라'를 탐험하는 '꿈의 아이'를 창조했던 1862년, 미국 땅에서는 또 다른 앨리스가 고통스러운 10대 시절을 통과하고 있었다. 앨리스 제임스(1848-1892)는 '미국 심리학의 아버지' 윌리엄 제임스와 《여인의 초상》을 쓴 미국 문학의 거장 헨리 제임스의 여동생이다. 이른바 천재 가족의 사랑받는 막내딸이라는 전형적인 풍경에 그림처럼 어울렸을 것만 같은 앨리스는 그러나 어렸을 때부터 원인을 알 수 없는 병증의 공격을 받고 평생 우울증과 자살 충동에 시달린다. 자살해도 되겠냐는 앨리스의 질문에 아버지는 당대의 종교적 교리를 뒤집고 신체적이고 심리적인 고통이 견딜 수 없는 지경에 이르거든 스스로 목숨을 앗아도 좋다고 대답한다. 다만 순한(gentle) 방법으로 하라고. 아버지로부터 뜻밖의 '허락'

을 받은 앨리스는 자살을 실행에 옮기지 않는다. 대신 자신의 병증과 고통을 지적 탐구의 대상으로 삼는다.

누구나 한 번 이상은 고통과 마주한다. 못 본 척하기도 얕잡아보거나 부풀려 생각하기도 하지만, 어쨌든 고통에는 분명한 실체가 있다. 고통을 만났을 때 누구는 외면하고 누구는 돌파하고 누구는 도망치고 누구는 잡아먹힌다. 우리는 저마다의 방식으로 고통과 불화하거나 공존하며 살아간다. 마흔네 살 앨리스는 말기 유방암이라는 새로운 고통을 진단받는다. 수십 년간 생생하게 겪어온 고통의 원인을 알 수 없어 질병의 실체를 입증할 수 없었던 앨리스는 유방암이라는 확실한 진단을 환영하기에 이른다. 꼼짝없이 병상에 누워 생활하는 와중에도 앨리스는 병과 죽음이 애꿎게 교차하는 자신의 삶을 찬찬히, 때로는 여유로운 유머를 섞어가며 일기로 기록했다. 그의 일기는 삶의 중단 너머에 무엇이 기다리고 있는지 모르는 한 인간이 고통으로 얼룩진 자신의 삶을 외면하지 않고 끝까지 들여다본 치열한 기록이자, 언제 닥쳐올지 모르는 죽음을 생각보다 고요한 마음으로 기다리며 사유했던 어느 병자의 초상이다.

이 느리고 긴 죽어감은 당연하게도 교훈적이다. 여기엔 실망스러울 정도로 흥분되는 요소가 없고 오직 '자연스러움'이라는 특색만 보인다. 인간은 허물을 벗듯이 활동을 하나씩 벗어던지면서도 그 활동들이 영영 떠나버렸음을 결코 알지 못하다가 그사이 몇 개월이 훌쩍 지나버렸고 그동안 소파에 드러눕거나 아침 신문을 읽거나 새 책이 없음을 한탄한 적이 한 번도 없었음을 불현듯 깨닫는다. 이렇게 점점 좁아지는 원 안을 이전과 같은 만족감으로 돌고 돌다가 영원한 소실점에 도달하리라고 나는 생각한다.*

앨리스에게 '투병'이라는 단어는 어울리지 않는다. 그는 병과 싸우지 않았다. 오히려 평생 병을 입은 채 병을 분석하고 탐구하며 기록했다. 큰오빠 윌리엄 제임스에게 심리학이 있었고 작은오빠 헨리 제임스에게 문학이 있었다면, 앨리스에게는 질병과 고통이 있었다. 그런 앨리스의 곁에는 사랑하는 사람이 있었다. 열렬한 교육 개혁가이자 활동가였던 캐서린 피보디 로링은 앨리스의 병상을 지키며 함께 '생활'했다. 두 사람의 관계에 대해 헨리 제임스는 "(로링의) 헌신은 너무도 완벽하고 관대했으며 무척 귀한 선물과 같아서 옆으로 치워놓으면 거의 불경한 행위가 될 정도였다"라고 말한 바 있다. 앨리스 제임스와 캐서린 피보디 로링의 관계는 헨리 제임스의 소설 《보스턴 사람들(The Bostonians)》

* 앨리스 제임스, 《앨리스 제임스의 일기(The Diary of Alice James)》. 원서의 일부를 저자가 직접 옮겼다.

을 통해 두 비혼 여성의 동거 관계를 뜻하는 '보스턴 결혼(Boston marriage)'이라는 용어를 탄생시켰다.

천재들을 배출한 명문가의 불운한 외동딸로 생을 마감한 앨리스는 사후 40년이 흐른 뒤에야 《앨리스 제임스의 일기(The Diary of Alice James)》가 출간되면서 '일기 작가'라는 새 이름을 얻게 된다. 사후 90여 년이 흐른 1980년에는 《앨리스 제임스 전기(Alice James: A Biography)》가 출간되면서 짧았던 생이 비로소 입체적으로 조명된다. 전기 작가 진 스트라우스는 이 책으로 미국의 우수한 역사 저작물에 수여하는 뱅크로프트상을 받기도 했다. 그리고 1991년, 수전 손택은 오랫동안 준비해왔던 최초의 희곡 《앨리스, 깨어나지 않는 영혼》을 발표한다.

총 8개 장으로 이루어진 희곡은 10층 정도 쌓인 매트리스 밑에 깔린 앨리스의 '어린애 같은 모습'으로 시작된다. 압도적인 무게에 짓눌려 꼼짝달싹 못하는 앨리스를 간호사는 '게으름뱅이 씨'라고 부른다.("앨리스, 당신은 일어날 수 있어요. 할 생각이 없는 거잖아요. 하려고 들지 않는 거예요.") 장이 바뀌는 동안 앨리스는 20년 전 아빠와 나누었던 대화를 상기하기도 하고("아빠, 나, 자살해도 되나요?") 오빠 해리(헨리 제임스)의 방문을 받기도 한다.

희곡의 압권은 단연 5장으로 손택은 《이상한 나라의 앨리스》의 유명한 '모자 장수의 차 모임' 장면을 빌려온다. 앨리스 제임스의 차 모임에 초대받은 사람은 19세기의 두 여성 작가 에밀리 디킨슨과 마거릿 풀러다. 에밀리 디킨슨은 뛰어난 재능과 뜨거운 열정을 품었으면서 스스로 은둔의 삶을 선택했고, 죽음과 영혼을 주제로 무려 1,775여 편의 시를 썼지만 생전에 발표한 시는 극히 적었다. 마거릿 풀러는 《19세기 여성(Woman in the Nineteenth Century)》이라는 저명한 초기 페미니즘 저서를 집필한 작가이자 평론가, 개혁주의자였지만 불의의 해상 사고로 가족과 함께 목숨을 잃었다. 손택은 차 모임에 허구의 인물도 초대한다. 발레극 〈지젤〉에 등장하는 결혼식 전날 죽은 젊은 여성들의 유령, 윌리들의 여왕 '미르타'와 바그너의 오페라 〈파르지팔〉에 나오는 분노에 찬 여인이자 수면증을 앓는 '쿤드리'다. 손택은 이 네 여성을 앨리스 옆에 불러 모으고 저마다의 이야기로 한 영혼을 어루만지게 한다. 초판 서문에서 손택은 "이 책은 여성의 이야기다. 여성들과 여성들의 어려움, 그리고 여성들의 자의식에 관한 희곡이다"라고 밝혔다.

손택의 희곡을 통해 우리는 '천재 오빠들을 둔 불운한 여동생'이 아니라 '자신의 천재성과 독창성, 공격성을 어찌할 줄 몰라 인생을 파괴했던' 19세기의 한 여성을 만나게 된다. 시대를 잘못 만난 불운한 여성이었지만(그는 오빠들과 달리 여성이라는 이유로 정규교육을 받지 못했다) 극단적인 자의식을 갖추고 자신에게 무슨 일이 일어나고 있는지 끝까지 탐구했으며, 자신의 질병을 하나의 '문학적 주제'로 바라보고 치열하게 기록한 작가였다. 손택은 희곡의 6장에서 앨리스의 독백을 통해 지독하게 오해받아온 앨리스의 삶을 새롭게 조명한다.

> 난 어떤 것이 얼마나 큰지 혹은 얼마나 작은지 말하지 않을 테야. 내 정신은 어떤 크기도 가지고 있지 않아. 하나의 크기는 모든 것에 다 맞다고.*

세상의 잣대에 맞춰 자기 정신의 크기를 가늠하길 거부했던 앨리스. 오로지 모든 것에 다 맞는 하나의 크기를 가진 그의 정신은 고통 속에서도 끝내 펜을 내려놓지 않고 삶과 죽음을 사유했고 사후 130년이 지난 지금까지 그 사상을 전하고 있다.

이제 내겐 아는 앨리스가 하나 늘었다. 앨리스라는 이름을 듣게 되면 내 마음에 떠오르는 장면도 여럿이 될 것이다. 누군가 "앨리스!" 하고 외치는 소리를 듣는다면 나는 무자비한 하트의 여왕에 맞선 소녀 앨리스와 함께 잔혹한 삶의 비극 앞에서 초연하고자 애썼던 또 한 사람의 앨리스를 떠올리고 잠시 눈을 감을 것이다. 앎이 사랑의 시작이라면

---

* 수전 손택, 《앨리스, 깨어나지 않는 영혼》(배정희 옮김, 이후, 2007), 111쪽.

내겐 사랑할 앨리스가 하나 더 생겼다.

고통을 펜으로 삼아 바투 쥐고

앨리스 제임스가 유방암 진단을 받고 삶의 소실점을 향한 회전운동에 가속을 붙이기 시작할 무렵, 뉴질랜드 수도 웰링턴에서 또 한 사람의 여성 작가가 탄생했다.

캐서린 맨스필드(1888-1923)는 당시 식민지였던 뉴질랜드의 상류층 가정에서 태어나 1903년 런던 퀸스 대학에 진학했다. 캐서린의 어머니는 딸들의 대학 진학을 일종의 신부 수업으로 생각했던 것 같다. 그러나 캐서린은 대학 신문사 활동에 열중하면서 문학에 눈을 떴고, 특히 프랑스 상징주의와 오스카 와일드에 몰두했다. 또한 런던은 캐서린에게 문학만큼이나 소중한 평생의 친구를 선사했다. '키가 크고 피부가 희며 푸딩을 좋아하는 소녀' 아이다 베이커는 입학 첫날 만난 이후 20여 년 동안 캐서린과 깊은 사랑과 우정을 이어가고 훗날 외국에서 투병 중인 캐서린의 곁을 지킨다.

영국에서 학업을 마치고 뉴질랜드로 돌아온 캐서린은 고향에서도 단편소설을 쓰는 일에 열중한다. 그리고 마아타와 에디라는 두 여성과 차례로 열렬한 사랑에 빠진다. 그러나 편협하고 지엽적인 뉴질랜드의 생활방식에 염증을 느낀 캐서린은 2년 후 어머니와의 불화를 무릅쓰고 아버지의 지원을 받아 런던으로 돌아간다. 1908년부터 다시 시작된 캐서린의 런던 생활은 보헤미안의 삶으로 요약할 수 있다. 15개월 동안 단 한 편의 소설과 시를 발표했고 임신과 유산, 성급한 결혼과 이혼(결혼한 날 저녁에 헤어졌다), 아이다와의 레즈비언 관계 등을 반복했다. 보다 못한 어머니는 유언장에서 캐서린의 이름을 빼버리고 그를 독일의 온천 도시로 휴양을 보낸다. 쫓겨나듯 간 그곳에서 캐서린은 안톤 체호프의 작품을 접하고 이후 작품 세계에 크나큰 영향을 받는다.

1910년 런던으로 돌아온 캐서린은 독일에서의 경험을 담은 첫 단편집 《독일 하숙에서(In a German Pension)》를 출간한다. 그러나 첫 소설집이 대중과 평단의 차가운 반응을 얻으면서 실의에 빠진다. 두 번째 소설집 《축복(Bliss)》이 10년 후인 1920년에 출간된 걸 보면 그사이 캐서린이 마주했을 막막한 어둠이 짐작되기도 한다. 첫 소설집 출간 이후 캐서린은 훗날 남편이 되는 존 미들턴 머리를 만나 그가 편집자로 있던 잡지 《리듬》에 글을 발표하기 시작한다. 1916년에는 버지니아 울프 부부를 만나 교류를 시작하고, 1918년에는 울프 부부의 호가스 출판사에서 〈전주곡(Prelude)〉을 출간하기도 한다. 버지니아 울프는 캐서린이 세상을 떠난 후 '그는 내가 찬미하고 필요로 하는 특성을 갖추었다. 내가 추구하던 예리함과 현실성을 모두 지녔다'라고 평하며 그의 글을 '유일하게 질투'했다고 고백했다.

1917년 스물아홉의 나이에 지병이었던 늑막염이 폐결핵으로 악화하면서 캐서린은 본격적인 투병과 요양 생활을 시작한다. 이제 그는 결핵 치료에 도움이 되면서 값싼 비용으로 글을 쓰며 지낼 수 있는 곳을 찾아 벨기에 브뤼주, 파리, 남프랑스, 스위스로 옮겨 다닌다. 이렇게 잦은 이동과 요양, 투병의 와중에도 캐서린은 글쓰기를 멈추지 않았다. 아니, 오히려 고통이야말로 창작의 본질적인 추동력이라고 말하듯이 병증이 가장 깊었던 시기와 창작이 가장 왕성했던 시기가 정확히 일치한다. 캐서린의 문학적 정점으로 평가받는 《가든 파티》를 출간한 해에는 스위스의 호텔에서 유언장을 작성하기도 했다.

1922년 10월 스위스에서 프랑스 퐁텐블로로 옮겨간 이듬해 1월, 캐서린은 그곳에서 눈을 감았다. 퐁텐블로 근처 아봉에 있는 캐서린의 묘비에는 작가가 생전에 가장 좋아했다는 셰익스피어의 《헨리 4세》의 한 대사가 새겨져 있다. '위험이라는 쐐기풀에서 우리는 안전이라는 꽃을 꺾는다.' 그는 정말로 쐐기풀 같은 삶에서 안전이라는 꽃을 꺾었을까? 안타깝게도 인생의 반 이상을 고통 속에서 지내다가 서른넷의 나이에 생을 마감한 이에게 안전의 꽃을 꺾었다는 말을 붙이지는 못하겠다. 그러나 그가 안전 대신 꺾은 꽃은 백 년이 흐른 지금까지도 시들지 않고 그 아름다움을 자랑한다.

캐서린 맨스필드의 영혼은 쐐기풀보다 가혹했던 시대와 관습의 속박에 반복적으로 상처 입었고 짧은 생애의 상당 시간을 우울증과 늑막염, 폐결핵과의 싸움으로 보내야 했지만, 서른넷의 나이에 삶을 끝내기까지 80여 편의 단편 소설과 시, 평론, 일기, 편지 등을 써내고 20세기 모더니즘 문학의 거장으로 뚜렷한 자취를 남겼다.

단편집 《가든 파티》에 수록된 작품들은 20세기 다양한 계층과 처지의 여성들이 비슷하게 느끼는 불안과 고통, 복잡다단한 삶의 단면을 절묘하게 포착해낸 수작이다. 죽은 대령의 딸들은 아버지가 무덤에서 벌떡 일어나 자신을 멋대로 파묻었다고 호통칠까 두려워한다. 딸들은 죽은 아버지가 무서워 그의 옷장조차 맘대로 열지 못하고 떤다.(〈죽은 대령의 딸들〉) 가정교사로 채용되어 영국에서 독일까지 혼자 여행하게 된 젊은 여성은 안전하게 자신을 지켜줄 사람이 없는 냉혹한 현실에 유일하게 친절을 베푼 노신사를 만나 마음을 열어보지만, 순수한 믿음은 폭력적인 배반을 당할 뿐이다.(〈어린 가정교사〉) 화려한 가든 파티를 준비하던 로라는 이웃의 젊은 짐마차꾼이 낙마 사고로 죽었다는 소식을 접하고 아무래도 파티를 그만둬야겠다고 가족에게 말해보지만,

자매도 어머니도 그런 로라의 생각이 지나치게 감정적이라고 말한다. 파티가 끝나고 불행을 당한 이웃에게 음식과 꽃을 가져다주라는 심부름을 하게 된 로라는 어쩌다가 죽은 남자의 시신 앞에 서게 되고 아이처럼 흐느끼며 자신의 아름다운 모자를 사과한다.(《가든 파티》) 이웃의 결혼식에 부부 동반으로 참석하게 된 브레헨마허 부인은 애 딸린 신부의 처지를 수군대는 이웃들의 저속함에 실망한다. 집으로 돌아가는 길, 부인은 결혼 첫날밤 남편과 함께 집에 돌아왔던 오래전의 모습을 떠올리고 여전히 무심하고 이기적인 남편을 보며 "온 세상이 다 똑같아. 그래도, 젠장, 정말 너무 바보 같잖아"라고 한탄한다.(《브레헨마허 부인, 결혼식에 가다》)

*

평생 우울증, 양극성 장애, 죽음 충동과 싸웠던 미국의 여성 시인 앤 섹스턴(1928-1974)은 어느 가톨릭 사제에게 마지막 성사를 부탁하지만, 사제는 거절하며 이렇게 말한다. "신은 당신의 타자기 안에 계십니다." 마흔여섯의 나이에 스스로 죽음을 선택한 시인의 유고 시집《신을 향한 끔찍한 노젓기(An Awful Rowing Toward God)》에는 이런 구절이 있다.

나는, 매일,
내 타자기가 믿는
신을 타자로 불러낸다.
아주 빠르게. 아주 강렬하게.

  죽음의 충동과 싸우면서 시인이 타자기 밖으로 불러내고 싶었던 것은 무엇이었을까? 신을 향한 끔찍한 노젓기는 어디에 닿기 위한 가없는 행위였을까?
  앨리스 제임스가 고통을 문학적 탐구의 주제로 삼은 치열한 기록자였다면, 캐서린 맨스필드는 고통을 펜으로 삼아 바투 쥐고 인간과 여성의 숨은 이야기를 풀어낸 작가였다. 캐서린 맨스필드는 "보이지 않는 것, 알 수 없는 것을 이야기하고 싶다"라고 일기에 쓰기도 했다. 어쩌자고 이 여성들은 삶을 불태워가면서까지 문학에 닿기 위해 노를 저었을까? 여성이라는 신분, 병자라는 처지, 사랑조차 족쇄가 되었던 시대를 살아갔던 이 여성들이 유일하게 자유로웠을 때는 죽음이 눈앞에 다가왔음을 느끼면서도 끝내 놓지 않았던 글쓰기의 순간이 아니었을까?
  속절없는 말이지만, 고통의 바다 한가운데서 난파하지 않도록 미친 듯이 노를 저어 당도한 그곳에서 이 여성 작가들이 절대자와도 같은 자신의 영혼을 만나 뜨겁게 화해했기를 바란다. 그것이야말로 오랜 시간이 흐른 뒤에도 그들이 남긴 글을 읽고 어떤 영혼과 조우하며 위로받는 지금의 우리가 소원할 수 있는 최소한의 보답이므로.

빛의 언어를 찾아서

《바람이 우리를 데려다 주리라》 포루그 파로흐자드

신양섭 옮김, 문학의숲, 2012

《이토록 긴 편지》 마리아마 바

백선희 옮김, 열린책들, 2011

나를 기억해줘

영화는 베일을 쓴 여성의 흐릿한 모습으로 시작한다. 카메라가 움직이면서 꽃무늬가 그려진 거울에 여성의 얼굴이 점점 크게 비쳐 보인다. 나병으로 상당 부분 훼손된 얼굴이다. 한쪽 눈은 4분의 3 정도 상실했지만 크고 아름다운 다른 눈으로 여자는 거울에 비친 자신의 모습을 열렬히 응시한다. 우리는 어느새 여자의 얼굴이 아닌 그 골똘한 시선에 집중한다.

영화의 제목은 '그 집은 검다(The House Is Black)'. 이 영화는 이란의 여성 시인 포루그 파로흐자드(1934-1967)가 1962년 나환자 수용소에 12일간 머물며 취재하고 촬영한 흑백 다큐멘터리로, 나환자들 사이에서 아름다움과 추함을 시적으로 탐구한 수작이다. 1963년 독일 위버하우젠 영화제에서 다큐멘터리 부문 대상을 수상하기도 했다.

영화 후반부의 교실 장면으로 가보자. 교사가 한 소년에게 "우리는 왜 아버지와 어머니를 주신 것에 대해 신께 감사해야 하지?"라고 묻는다. 소년은 "둘 다 없어서 모르겠어요"라고 대답한다. 교사는 무안한 표정을 짓다가 다른 소년에게 말한다. "아름다운 것들을 말해보아라." 아이는 "달, 해, 꽃, 쉬는 시간"이라고 대답한다. 교사는 이어서 말한다. "추한 것들을 말해보아라." 아이는 잠시 망설이다 "손…

발… 머리…"라고 띄엄띄엄 말한다. 교실의 다른 아이들이 키득키득 웃는다. 그들의 얼굴, 손과 발은 제각기 나병의 흔적을 간직하고 있다. 무너진 코와 짓눌린 입으로 웃는 아이들의 웃음이 냉소나 조롱이 아니어서 나는 그만 울고 싶어진다.

포루그 파로흐자드는 1934년 테헤란에서 직업 군인이었던 아버지와 가정적인 어머니 사이에서 일곱 자녀 중 셋째로 태어났다. 9학년까지 교육을 마치고 기술여자고등학교에서 그림과 양재를 배웠다. 파로흐자드는 열여섯 나이에 열다섯 살 연상의 풍자만화가와 결혼한 후 남편을 따라 이란 남서부의 아흐버즈로 옮겨가 1년 후 아들 컴여르를 낳는다. 고등학교에 진학하면서부터 시에 눈을 뜨게 된 파로흐자드는 결혼 후 원가족의 완고한 분위기에서 벗어나고 같은 예술가로서 남편의 지지를 받으면서 본격적인 시 창작에 열중한다. 그리고 1954년 열아홉 살에 '부스스한 머릿결에 잉크 묻은 손, 그리고 꾸깃꾸깃한 원고를 든 소녀'의 모습으로 당시 이란에서 가장 이름있는 잡지사 《로샨페크르》(지식인이라는 뜻)의 문을 열고 들어가 유명 시인이자 편집장이었던 페레이둔 모시리의 책상에 원고를 내려놓는다. 파로흐자드는 이 잡지에 시를 발표한 이후 페르시아 문학사에서 가장 중요한 여성 시인이자 파격적인 목소리로 여성의 욕망을 노래하면서 이란 사회를 발칵 뒤집어놓은 논쟁적 시인으로

서 첫걸음을 시작한다.

그러나 시인으로서 성공적인 데뷔는 개인적인 삶에 돌이킬 수 없는 상처를 냈다. 시에 성적 욕망을 솔직하게 드러내고 실제로 남편 아닌 다른 남자에게 그 욕망을 실현하면서 파로흐자드는 사회의 따가운 시선을 받게 되고 급기야 결혼 3년 만에 이혼하고 테헤란으로 돌아온다. 시인의 영혼을 할퀸 사건은 이혼 자체가 아니었다. 전남편은 솔직한 욕망을 드러낸 대가로 그에게서 사랑하는 아들을 빼앗았다. 양육권을 뺏기고 면접권마저 완전히 차단된 것은 시인이자 어머니에게 과한 징벌이었다. (가부장제의 어둠 속에서 시를 쓰는 시인은 '발칙한' 시를 쓴 대가로 '어머니'로서 벌을 받는다.) 결국 파로흐자드는 이혼한 이듬해 신경쇠약으로 정신병원에 입원해 전기충격 치료를 받기에 이른다.

1956년 파로흐자드는 이혼 후 사회적 편견과 곡해에 시달릴 때의 고통을 담아낸 두 번째 시집 《벽(Wall)》을 전남편에게 바친다. 그리고 곧바로 외국으로 떠나 9개월간 이탈리아와 독일을 여행하면서 고국보다 자유로운 유럽의 공기를 마시고 더욱 강인하고 자유로운 사람이 되어 돌아온다. 여전히 추문과 냉담한 시선에 시달리던 그는 남성 중심 사회를 향한 저항의 목소리를 멈추지 않았고, 1958년에는 세 번째 시집 《저항(Rebellion)》을 출간한다. 그해 10월 '골레스턴 영화 스튜디오'에 취직하면서 영화감독 에브

러힘 골레스턴과의 운명적인 사랑을 시작하고 영화 제작에 참여하면서 1962년 영화 〈그 집은 검다〉로 이란 뉴웨이브 운동의 핵심 멤버가 된다. 파로흐자드는 1964년에는 가장 큰 명성을 안겨준 네 번째 시집《또 다른 탄생(Another Birth)》을 출간하면서 시인으로서 새로운 탄생에 성공한다. 그는 자신의 새로운 탄생을 거들어준 연인 골레스턴에게 이 시집을 바친다.

완고하고 보수적이었던 원가족에게서 벗어나기 위해 결혼을 선택했고, 또 다른 새장이 되어 자신을 가두었던 결혼 생활에서 벗어나 시인으로 거듭난 파로흐자드의 삶은 빛보다 어둠이, 행복보다 고통이 많았지만, 채찍질처럼 가혹했던 비난과 차가운 시선도 그의 목소리를 막지는 못했다. 형태를 달리할 뿐 언제나 '검은 집'이었던 세상의 차가운 시선들 앞에서 시인은 고개를 꺾지 않는다. 오히려 고개를 들고 선언한다.

> 나는 후회하지 않는다
> 또 다른 나를 수줍어하는 나에 대해
> 그대가 밤의 차가운 거리에서
> 과거와 같은 사랑의 눈으로 그녀를 찾아낼 것이라고
> 이야기해 주라
> 그대 두 눈 밑 다정한 주름 위에

슬픈 입맞춤을 나누는 나를 기억해 달라*

'나를 기억해 달라'는 말을 유언처럼 남기고 시인은 1967년 어머니 집에 다녀오는 길에 자동차 사고로 서른둘에 이른 죽음을 맞는다. 이란 영화감독 아바스 키아로스타미는 영화 〈바람이 우리를 데려다 주리라〉에서 파로흐자드의 삶을 압축적으로 보여주는 어두운 공간으로 우리를 데려간다. 주인공은 빛 하나 새어들지 않는 지하의 외양간에서 시를 낭송한다. 듣는 이는 동굴 같은 공간에서 조용히 젖을 짜는 소녀다. 검은 집에서 벗어나기 위해 시인이 결혼을 선택했던 때와 같은 나이에 소녀는 몰래 사랑을 시작했다. 영화는 끝내 소녀의 얼굴을 보여주지 않지만, 외양간에 울리는 시가 불꽃으로 점화하면서 짧지만 강렬한 삶을 살다 간 시인의 영혼을 반짝 드러낸다. 시의 힘은 언뜻 미약해 보이지만 검은 세계를 드러내기엔 충분히 밝다.

> 오, 머리부터 발끝까지 온통 푸르른 이여
> 불타는 기억처럼 그대의 손을
> 내 손에 얹어 달라
> 그대를 사랑하는 이 손에

* 포루그 파로흐자드, 〈차가운 밤의 거리에서〉, 《바람이 우리를 데려다 주리라》(신양섭 옮김, 문학의숲, 2012), 71쪽.

생의 열기로 가득한 그대 입술을
사랑에 번민하는 내 입술의 애무에 맡겨 달라
바람이 우리를 데려다 주리라
바람이 우리를 데려다 주리라*

우정과 책이라는 무기

또 다른 검은 집에 한 여성이 앉아 있다. 이곳은 장례식이 한창이다. 어둠이 당연한 공간에 뜻밖의 사실들이 드러난다. 고인은 용케 숨겨왔던 비밀을 죽음과 함께 드러내고 천연덕스럽게 눈을 감고 있다. 갑작스러운 남편의 죽음을 맞은 세네갈의 1세대 엘리트 여성 라마툴라이는 그동안 남편이 숨겨왔던 비밀과 그것들을 비호해왔던 일부다처제의 어처구니없는 공격을 연타로 당하느라 애도할 틈도 갖지 못한다. 남편은 라마툴라이와 함께 일하고 저축한 돈으로 마련한 공동 재산을 담보로 대출을 받아 한참 어린 둘째 부인(큰딸의 친구였다)과 새 장모를 위해 호화로운 집과 별장, 프랑스 가구, 자동차를 사들였다. 결혼과 함께 학업을 중단하고 오직 나이 많은 남편에게 경제력을 의존했던 둘째 부인

---

* 포루그 파로흐자드, 〈바람이 우리를 데려다 주리라〉, 《바람이 우리를 데려다 주리라》(신양섭 옮김, 문학의숲, 2012), 12쪽.

과 새 장모는 삶을 포기한 사람들처럼 망연자실할 뿐이다. 여성들에게 가혹한 지옥도와 다름없는 일부다처제가 공고한 이유는 이를 통한 이득을 포기하지 않으려는 남성들의 탐욕 때문이다. 40일간의 복상이 끝나자마자 남편의 형이 찾아와 라마툴라이를 '아내로 거두겠다'라고 선심 쓰듯 말한다.(그에겐 이미 부인이 셋이나 있다.)

소설《이토록 긴 편지》는 남편의 장례를 치르는 라마툴라이가 친구 아이사투에게 속내를 털어놓는 긴 편지로 이루어져 있다. 라마툴라이와 아이사투는 똑같이 프랑스 학교에서 교육받고 교사가 되었으며, 결혼 역시 조건과 관습보다는 사랑을 기준으로 선택했다. 이른바 '신여성'인 이들에게 여전히 일부다처제가 공고한 남성 중심 이슬람 사회가 보내는 시선은 냉담했다. 편지의 수신인인 친구 아이사투 역시 일부다처제의 희생자다. 왕족 혈통의 시어머니는 세공장이의 딸인 며느리를 인정하지 못했고 오랫동안 '복수'를 꿈꿔오다가 결국 자신과 같은 혈통의 어린 조카를 데려와 둘째 며느리로 삼았다. 자타가 인정하는 '깨어 있는 지식인' 아이사투의 남편은 어머니의 강요 때문에 어쩔 수 없이 어린 둘째 부인을 맞이하는 것처럼 행동하지만, 아이사투는 그런 남편의 기만을 참을 수 없어 이혼을 선택한다. 라마툴라이의 말에 의하면 이런 아이사투를 구한 것은 책이었다. 결국 아이사투는 시험에 합격해 프랑스로 가게 되고 통역 학교를 졸업한 뒤에는 미국 주재 세네갈 대사관에 임명되어 넉넉하고 자유로운 생활을 꾸리게 된다.

《이토록 긴 편지》는 라마툴라이의 일인칭 시점으로 서술되는 서간체 소설이지만 다양한 인물의 삶과 각자의 선택을 놀랄 만큼 복합적으로 그려낸다. 특히 소설에는 다양한 여성들이 등장한다. 전통과 인습을 포기하지 못하고 다음 세대 여성의 억압에 일조하는 아이사투의 시어머니가 있는가 하면, 돈에 눈이 멀어 어린 딸을 아버지뻘 남자에게 시집보내는 비느투의 어머니가 있다. 또 본부인만큼이나 일부다처제의 희생양이라고 볼 수 있는 둘째 부인 비느투와 나부가 있다. 교육받지 못하고 경제적 능력도 없어 부당한 현실 앞에서 그저 신경쇠약으로 무너지고 마는 자클린 같은 여성도 잠시 등장한다.

그러나 작가는 격변기 아프리카 여성의 고통과 불행만을 나열하지 않는다. 라마툴라이의 딸들처럼 서구의 유행을 추구하고 엄마 몰래 방에서 담배를 피우다가 들키는 '신세대' 여성들이 있다. 특히 큰딸 다바는 자유를 중시하고 합리적으로 사고하는 현대 아프리카 여성의 목소리를 대변한다. 그는 이혼을 망설이는 어머니에게 당당히 말한다. "결혼은 족쇄가 아니에요. 두 사람이 하나의 인생 계획을 공유하는 거지요. 그리고 부부가 이 결합에서 각자 제 몫을 얻지 못한다면 그걸 유지해야 할 이유가 어디 있겠어요? 그게 압두일 수도 있고 제가 될 수도 있지요. 안 될 이유가 어디 있어요? 여자도 결별의 주도권을 가질 수 있어요."

마리아마 바(1929-1981)는 세네갈 수도 다카르에서 태어났다. 일찍 어머니를 여의고 아버지와 외조부모 아래서 자랐다. 전통과 관습을 중시하는 외조부모는 '신부 수업'을 중심으로 어린 마리아마를 가르치고자 했지만, 자유롭고 진보적이었던 아버지는 마리아마에게 책을 선물하고 함께 책에 관해 대화를 나누었으며 여자아이에게 교육을 시킬 필요가 없다고 주장하는 외조부모의 뜻을 거스르고 딸을 프랑스 학교에 보냈다. 보통 여학생은 초등교육을 마친 후 산파나 비서 교육을 받는 게 당시 현실이었지만 마리아마의 재능을 눈여겨본 교장이 마리아마가 비서 학교를 선택한 걸 안타깝게 여기고 가족을 설득해 사범학교에 진학하게 한다. 그리고 사범학교 재학 중에 마리아마의 문학적 재능이 활짝 피기 시작한다.

1947년 교사 자격증을 취득한 마리아마는 졸업과 함께 12년간의 교사 생활을 시작하고, 그사이 두 번의 결혼과 이혼을 반복한다. 세 번째 남편을 만나면서부터 25년간 안정적인 결혼 생활을 일구어나가는 듯 보였지만, 결국 신념의 불화를 견디지 못하고 이혼한다. 마리아마는 60년대 초에 교사직을 내려놓고 60년대 말부터 여성의 권리를 옹호하기 위해 여러 여성단체에서 활발하게 활동한다. 이렇게 교사와 여권운동가의 삶을 살다가 50세에 접어든 1979년에 첫 소설《이토록 긴 편지》를 출간하면서 작가의 삶을 시작한다.

이 작품은 출간과 동시에 수많은 독자와 비평가의 찬사를 받았고 1980년 아프리카 최고 권위를 자랑하는 노마상을 수상하며 세네갈뿐만 아니라 20여 개 언어로 번역되어 세계적으로도 인정받는다. 그러나 안타깝게도 작가는 1981년 쉰둘의 이른 나이에 암으로 세상을 떠난다. 그해 11월 가난한 흑인 이슬람교 남성과 부유한 백인 여성의 사랑을 통해 인종차별과 문화적 갈등을 이야기한 두 번째 소설《핏빛 노래(Un Chant Écarlate)》가 사후 작품으로 출간된다. 마리아마 바는 단 두 권의 소설로 아프리카 문학사에서 가장 중요한 여성의 목소리로 자리매김한다.

《이토록 긴 편지》를 통해 작가는 가부장제의 억압에서 벗어나려는 여성들에게 가장 중요한 힘 두 가지를 역설한다. 하나는 여성 연대라고 풀어 쓸 수 있는 '우정'의 힘이고, 또 하나는 라마툴라이가 아이사투의 이혼과 독립을 언급한 대목에서 엿볼 수 있는 '책'의 힘이다. 작가는 세상을 떠나기 직전 어느 인터뷰에서 이렇게 말하기도 했다. "책은 무기입니다. 아마도 평화로운 무기겠지만, 하나의 무기입니다."

*

　가부장제 아래 집은 대체로 검다. 이 어두운 새장 속에서 여성들은 노래했다는 이유로 징벌을 받고 사랑을 부정당한다. 때로는 검은 집 안에 든 채로 버림받기도 한다. 여성들은 한 어둠에서 또 다른 어둠으로 쫓겨난다. 그러나 여성들은 언제까지나 어둠 속에 유폐되지는 않는다. 포루그 파로흐자드는 시라는 불꽃으로 검은 집을 밝혔고, 마리아마바는 우정과 책(지식)이라는 무기를 선택했다.
　미국의 레즈비언 페미니스트 시인이자 활동가, 이론가였던 에이드리언 리치(1929-2012)는 '가부장제의 창조적 에너지가 빠른 속도로 바닥을 드러내는' 시기를 헨리크 입센의 희곡 제목을 빌려 '우리 죽은 자들이 깨어날 때'로 명명했다. 이 시기는 의식이 깨어나는 신명 나는 때이기도 하지만 동시에 혼란스럽고 고통스러운 시간이기도 하다. 어둠의 소용돌이에 휘말리지 않으려고 끊임없이 수면을 향해 헤엄을 쳐야 하는 때도 있지만, 빛의 연료를 찾으려고 난파선 속으로 깊이 잠수해야 할 때도 있다. 에이드리언 리치는 〈난파선 속으로 잠수하기〉라는 시에서 빛의 다른 이름인 보물을 찾아 바다 깊이 잠수한다. 시인이 택한 무기 혹은 도구는 신화에 대한 책, 필름을 채운 카메라, 날카롭게 벼린 칼, 고무 잠수복, 물갈퀴, 잠수 마스크다. 목적은 '단어들'이다.

'이미 행해진 파괴의 정도'를 보고 '그럼에도 살아남은 보물들'을 찾을 것이다.

    파괴의 정도부터 찾아 보여주는 것. 그것이 증언자로서 작가가 선택한 첫 번째 책무다. 포루그 파로흐자드와 마리아마 바가 한 줄기 빛을 피워 올려 가부장제의 검은 집을 똑똑히 보여주었던 것처럼. 그리고 살아남은 보물들을 그러모아 자신의 언어로 재생성하는 것이 창조자로서 작가에게 주어진 두 번째 일이다. 우리는 생존자로서 이 여성들이 새로 그려낸 빛의 언어를 흠향한다. 파로흐자드가 새장에 갇힌 새처럼 피를 토하며 노래할 때 우리는 그 날카로운 빛의 소리에 가슴을 베이고, 마리아마가 강건한 목소리로 성토하는 가부장제의 본색에 몸서리를 친다. 생존자의 다른 이름인 '우리 죽은 자들'이 깨어나 새로 그려내는 언어는 이토록 처절하게 아름답다.

엄마가 된 여자는 모두 쓰는 사람이다

《피버 드림》 사만타 슈웨블린

조혜진 옮김, 창비, 2021

《에이미와 이저벨》 엘리자베스 스트라우트

정연희 옮김, 문학동네, 2016

'엄마 됨'의 공포

- 벌레 같은 거예요.
- 무슨 벌레인데?
- 벌레 같은 거요, 어디에나 다 있는.

이렇듯 모호한 대화로 시작하는 소설 《피버 드림》의 현재 위치는 어두운 병실이다. 나(아만다)는 병원 침대에 누워 죽어가고, 그 곁에 무릎을 꿇고 앉은 소년 다비드는 이 대화의 주도자이자 편집자다. 다비드는 아만다에게 계속 짧은 질문을 던지며 대화를 촉구하고, 아만다는 자신에게 닥친 재앙의 원인을 탐색한다. 다비드의 말에 따르면 이 재앙의 원인은 '벌레'이고, 두 사람은 소설 전체를 관통하는 대화를 통해 이 '벌레'가 언제 어떻게 발생했는지 추적한다.

어린 딸 니나와 함께 수도 부에노스아이레스에서 아르헨티나 시골 지역으로 휴가를 떠나온 아만다는 우연히 이웃 여인 카를라를 만나고, 카를라는 언뜻 목가적으로 보이는 풍경 속에서 어떻게 '자신의 태양'이자 '인생의 빛'이었던 아들 다비드를 '괴물'로 바꿔치기 당했는지 믿기 어려운 이야기를 들려준다. 카를라의 남편 오마르가 비싼 대가를 치르고 빌려온 고급 종마가 개울물을 마신 다음 날 퉁퉁 부은 모습으로 쓰러져 다시는 일어나지 못했던 재앙과 카를라가 잠깐 종마에게 주의를 돌린 찰나 어린 아들 다비드가 종마와 같은 개울물을 마시고 벌어진 훨씬 더 끔찍한 재앙의 이야기가 아슬아슬하게 펼쳐지는 내내 아만다는 자신의 딸 니나를 향해 신경을 곤두세운다. 타인이 자신의 불행을 땔감 삼아 피워 올린 자욱한 공포의 안개 속에서 아만다는 오로지 사랑하는 존재의 안위만을 걱정한다. 아만다는 자신과 니나 사이에서 팽팽하게 당겨졌다 느슨하게 풀어지길 반복하는 그 가상의 선을 '구조 거리(rescue distance)'라고 부른다.

세대에 걸쳐 이어져 내려온 이 구조 거리는 오직 어머니와 자식 사이에서만(아만다와 니나, 아만다와 아만다의 어머니, 카를라와 '괴물'이 되기 전의 다비드) 작동하는 것처럼 보인다. 불안한 세계는 공포로 모성을 잠식한다. 다비드를 잃은 카를라는 세상에서 가장 불행한 어머니가 되고, 아만다는 꼼짝할 수 없는 몸으로 죽어가는 와중에도 오직 니나의 행방만을 궁금해한다. 결국 이 구조 거리는 팽팽하게 당겨질수록 모성을 속박하는 끈으로 작용하면서 끊어지는 순간 가혹하게 어머니를 불행의 나락으로 추락시킨다는 점에서 '모성 신화'를 닮았다.

카를라의 이야기를 들은 후로 휴가지의 풍경은 더 이상 평화롭지 않다. 낮잠에 빠진 니나를 집에 놔두고 잠시 외출하고 돌아온 아만다는 집 앞에서 카를라를 만나고, 집 안에 다비드가 있다는 카를라의 말에 정신없이 뛰어 들어가 니나를 찾는다. 이때 처음 마주친 다비드는 '피부에 흰색 반점만 없다면 평범한 보통 아이'로 보일 만한 소년이지만, 그의 주변에는 언제나 불안과 공포가 자욱하게 따라붙는다. 결국 그날 밤 끔찍한 악몽에 시달린 아만다는 니나를 데리고 집으로 돌아가기로 한다. 몇 년 전의 카를라도 지금의 아만다도 이 불안의 실체를 파악하는 일에는 관심이 없다. 불안의 원인을 알아낼 에너지도 없다. 이 어머니들은 한 방울 남은 기력이나마 쥐어짜 오직 딸을(혹은 아들을) 안전한 곳으로 옮기는 데에만 집중한다. 이게 공포와 불안에 잠식당한 사랑이 하는 일이다.

이 사랑은 앞을 보지 못한다. (소설의 주배경인 병원이 화자인 아만다에게는 온통 어둠뿐이라는 설정은 의미심장하다.) 앞을 보고 공포의 원인을 탐색하려면 조금은 냉정한 시선이 필요하다. 소설에서 그 초연한 시선을 담당한 사람은 재앙의 피해자인 다비드다. 다비드는 생명이 얼마 남지 않은 아만다를 재촉해 '벌레'가 발생했던 순간을 세세하게 복기하게 한다. 카를라가 어린 다비드의 목숨을 구하기 위해 찾아간 녹색 집이라든가 영혼을 바꿔치기한 후 괴물이 되어버린 다비드가 수상쩍은 행동을 한다든가 하는 진술을 통해 소설은 얼핏 주술과 환상의 세계로 빠져드는 것처럼 보이지만, 아만다와 다비드가 끝내 찾아낸 이 모든 일의 출발점은 너무도 현실적이고 동시대적이다. 다비드의 길잡이와 아만다의 회상에 기대어 함께 탐색에 나섰던 독자는 이 냉담한 시선과 가까스로 버티는 사랑이 만나 함께 재앙의 원인에 도달하는 순간 차갑고 축축한 공포의 실체를 마주하고 비로소 전율한다. 진짜 재앙은 '너무 미미해서 감지하기 어려운' 기척으로 슬그머니 다가오고, 언제나 그렇듯 문제의 본질에는 초현실적인 존재가 아니라 인간 혹은 인간의 탐욕이 자리한다.

자연보다 개발과 이윤이 훨씬 중요하게 취급되는 시대에 인간의 추악한 욕망이 환경 위기라는 재앙을 불러온 것은 당연한 귀결로 보인다. 그러나 재앙의 출발점이 편파적인 만큼 재앙의 결과 역시 편파적일 수밖에 없다. 재앙을 불러온 자와 재앙의 결과로 타격을 입는 자가 반드시 일치하지 않는다는 사실은 불안과 공포를 가져온다. 재앙으로 아들의 본모습을 잃었다고 생각하는 카를라, 그리고 같은 재앙으로 어린 딸과 자신의 목숨까지 위태로워진 아만다는 재앙의 한복판에서 언제나 가장 취약한 존재로 추락하고 마는 '어머니'다. 자의든 타의든 어린 인간을 사랑하고 지켜야 하는 어머니는 재앙이 닥쳐올 때마다 구조 거리를 팽팽히 당기며 불안과 공포로 자신을 옭아매고 때론 그 구속에 의해 시야가 흐려지기도 한다.

사만타 슈웨블린은 간결한 문체와 강렬한 서스펜스를

갖춘 작품들로 세계문학계의 주목을 받고 있다. 이 작품으로 2015년 티그레후안상을 수상하고 인터내셔널 부커상 최종 후보에 올랐으며 뛰어난 공포소설에 주어지는 셜리잭슨상을 수상했다. 대화와 그 속의 진술로 이루어진 독특한 구조, 시종일관 팽팽하게 당겨지는 소설과 독자 사이의 '구조 거리', 인간의 탐욕이 부른 환경파괴를 고발하는 냉담한 어조 등을 통해 작가는 공포에 압도당하고 마는 나약함도 공포를 극복하려는 용기도 모두 그 근원에 사랑이 있음을 으스스하게 설파한다. 이 작품 외에도 소설집 《입속의 새》와 장편소설 《리틀 아이즈》가 2019년과 2020년 연속해서 인터내셔널 부커상 후보에 오르면서 사만타 슈웨블린은 단박에 라틴아메리카 문학을 이끌어갈 차세대 작가이자 세계적인 젊은 거장의 반열에 올랐다.

　국내 출판사와의 인터뷰에서 작가는 작품 전반에 흐르는 '모성'과 '공포'의 연결에 대해 이렇게 말했다. "《피버 드림》을 썼을 때 제 나이는 서른다섯 살이었는데 당시엔 제가 엄마가 되길 원하는지 아닌지에 대한 물음이 머릿속을 맴돌고 있었습니다. 아이를 잃는 건 얼마나 고통스러울까? 과연 그걸 극복할 수 있을까? 모든 일이 순조롭더라도 모든 형태의 사랑은 고통스러운가? 그렇다면 얼마나 고통스러운가? 이 책은 제가 이런 질문들을 가로지르도록, 저 자신의 공포를 두 눈으로 직접 보고 삶에 꼭 필요한 정보를 가지고 실

생활로 돌아오도록 해주었습니다. 경이롭지 않나요? 그것이 문학입니다. 그리고 저는 이와 같은 일을 해내는 그토록 성능이 뛰어나고 효과적인 연장은 또 없다고 생각합니다."*

무수한 여성들이 '엄마 됨'으로 인해, 혹은 '엄마 됨'의 공포와 자기 분열로 인해 고통받아왔다. 엄마는 아이를 지키지 못할까 봐 두렵고, 아이를 지키느라 자신을 지키지 못할까 두려우며, 순간적으로나마 아이보다 자신을 우선한 것에 따른 죄책감에 시달리기도 한다. 목가적이고 평화로워 보이는 아르헨티나의 너른 평야에 살인적인 농약이 소리 없이 살포되듯이 언뜻 아름답고 숭고해 보이는 모성 위로 현대가 불러온 공포가 조용히 살포되고 있다.

그 누구보다 타인

열여섯 살 에이미에겐 오랫동안 간직해온 비밀이 있다. 에이미는 다른 엄마를 원한다. 예쁜 엄마, 사람들을 따뜻이 반겨주는 엄마, 텔레비전 광고에 나올 법한 엄마, 퇴근하고 돌아온 남편에게 키스하는 엄마를. 적어도 외진 숲속에, 이 작은 공간에 박혀 사는 엄마는 원하지 않았다. 서른세 살 이

---

* 사만타 슈웨블린 인터뷰 '소설 한 편이 바꿀 수 있는 것'에서 발췌했다. 《채널예스》 2021년 3월 26일, 창비 제공)

저벨에겐 딸 에이미 자체가 비밀이다. "세상이 어떤 곳인지 엄마가 어떻게 알아요?"라고 원망하는 딸에게 "아이를 혼자 키운다는 게 어떤 일인지 넌 몰라"라고 항변해도, 끝내 '하물며 넌 태어나야 할 아이도 아니었어!'라는 결정적인 말은 혀를 깨무는 심정으로 눌러 삼키는 게 이저벨이 간직한 비밀의 근원이다.

에이미에게 또 한 겹의 비밀이 생기고(소녀는 유부남인 학교 선생님을 사랑한다) 그 비밀이 뜻하지 않은 방식으로 누설되면서 모녀를 둘러싼 잔잔한 비밀의 자장은 폭력적으로 휘청인다. 그 사건 이후 에이미와 이저벨의 삶은 완전히 달라진다. 그러나 강물도 더러운 거품을 싯누렇게 부글거리며 유황 냄새를 풍기는 지독한 그 여름에 에이미와 이저벨은 온종일 붙어 지낼 수밖에 없는 처지다. 해가 뜨면 같은 사무실에서 일했고, 퇴근 후에는 방음과 단열이 전혀 되지 않는 작은 집에서 각자의 하루를 마무리한다. '더위를 피할 방법도, 서로를 피할 방법도' 없는 상태에서 모녀는 상대방을 그 누구보다 '낯선 존재', 즉 타인으로 경험한다.

어머니와 딸은 서로에게 비밀의 근원이었으나 곧이어 불안의 원인으로 변모한다. 낯설지만 내칠 수 없고 외면하는 즉시 영영 헤어질까 두려워 다시 집착한다. 엄마처럼 살고 싶지 않은 딸과 딸이 자기처럼 살까 봐 두려운 이 애증의 줄다리기는 인류의 역사만큼이나 유구하다.

《에이미와 이저벨》은 구체적인 인물을 통해 어느 시절, 어느 공간의 작은 역사를 파노라마처럼 보여주는 데 능수능란한 엘리자베스 스트라우트의 데뷔작이다. 작가는 에이미와 이저벨이라는 두 인물을 통해 태생부터 지독하게 얽혀 있어 '분리가 힘든 타인' 사이인 어머니와 딸의 관계를 끈질기게 묘사한다. 장래 희망을 묻는 질문에 에이미는 '교사'라고 대답하지만, 그건 사실 엄마 이저벨의 생각이었고, 정작 교사가 되고 싶었던 사람도 이저벨이었다. 에이미가 좋아하는 것은 시다. 침대 밑 구두 상자에는 에이미만 아는 시가 들었다. 그러나 엄마는 시를 좋아하기는커녕 예이츠의 이름을 보고도 '이이츠'라고 잘못 발음한다.

사건 이후 이저벨은 딸 에이미가 그동안 자신을 감쪽같이 속여왔다는 사실에 분노하고 사람들의 비난을 살까 두렵다. "그 애 엄마는 어디 있었대? 어떻게 엄마가 그걸 모를 수 있지?" 그러나 이저벨을 가장 압도하는 감정은 놀랍게도 젊고 맘껏 사랑할 수 있는 딸 에이미를 향한 질투다. 그리고 이 모든 불행이 어디서 시작되었을까 더듬어보다가 끝내 이저벨 자신의 어머니를 만나고 만다. 언제나 자신의 불행을 감당하지 못해 쩔쩔맸던 어머니는 어린 이저벨에겐 족쇄와도 같은 죄책감의 근원이었다. "그들은 외로웠고, 둘이서만, 그곳에서 고아처럼 살았다." 그리고 한 세대가 지난 지금 에이미와 이저벨 역시 유황 냄새보다 지독한 미움과 원망이 부글거리는 마음을 하고서도 '서로 찰싹 들러붙어' 있다.

　엘리자베스 스트라우트는 1956년 미국 메인주 포틀랜드에서 태어나 작은 마을에서 자랐다. 대학에서 영문학을 전공한 뒤 영국으로 건너가 일 년 동안 바에서 일하며 글을 쓰고 다시 미국으로 돌아와 계속 소설을 썼지만 투고를 거절당하기 일쑤였다. 도중에 잠시 다른 일을 하기도 했지만 소설 쓰기를 포기할 수 없었던 그는 뉴욕으로 돌아와 글쓰기에 매진했다. 간간이 잡지에 단편소설을 발표하던 중 1998년 마흔둘의 나이에 첫 장편소설 《에이미와 이저벨》을 출간하면서 오렌지상, 펜/포크너상 등 주요 문학상 후보에 오르며 작품성과 대중성을 동시에 인정받았다. 2008년 발표한 세 번째 소설 《올리브 키터리지》로 2009년 퓰리처상을 수상했고, 이후 《버지스 형제》 《내 이름은 루시 바턴》 《무엇이든 가능하다》 《다시, 올리브》 등을 연달아 발표하며 작가들의 작가로 인정받고 있다. 특별할 것 없는 인물들을 중심으로 소도시의 일상을 그려내는 스트라우스의 소설에는 저마다 불행과 고통, 불안을 품고 살아가는 삶 하나하나를 향해 끝내 긍정의 시선을 잃지 않는 따뜻함이 고여 있다. 인물들은 제각각 어긋나 있고 자주 마찰하지만, 결국 삶은 끝까지 살아볼 만한 게 아닐까 하는 애틋한 희망을 보여주기도 한다.

　이저벨은 딸이 좋아하는 시를 이해하고 싶어서, 예이츠

를 '이이츠'라고 잘못 발음하는 엄마로 남고 싶지 않아서, 딸과 함께 도란거리고 싶어서 책을 읽기 시작한다. 이저벨이 처음 고른 책은 셰익스피어의 《햄릿》. 책을 구입한 날 이저벨은 '자기도 유식한 사람이 된다는 생각에' 들떴다. '공장에서 일하면서 혼자 딸을 키우는 엄마가 아니라 셰익스피어를 거침없이 인용할 수 있는 지성과 열정을 겸비한 여자라는 것을' 보여주고 주변 사람들의 오해를 풀 생각에 모처럼 기분이 좋았다. 그러나 막상 읽어본 《햄릿》은 실망스러웠다. 이저벨은 "나약함이여, 그대의 이름은 여자이니!"라고 한탄하는 햄릿이 한탄스럽다.

지금까지와 다르게 살아보기로 마음먹은 이저벨은 십수 년간 교류하지 않았던 공장 동료 직원들에게 조금씩 마음을 열고, 어느새 친구 두 사람이 생긴다. 각자의 고통과 불행이 폭발한 날, 이저벨은 친구들과 에이미에게 오랫동안 간직해온 비밀을 털어놓고, 홀가분하게 덧붙인다. "내 사촌 신디 레이가 코끼리를 먹는 방법은 한 번에 한 입씩 먹는 거라고 말하곤 했어요." 한 번에 한 입씩. 이것은 에이미와 이저벨이 서로를 이해하게 될 속도를 가리키는 말이자 엘리자베스 스트라우트가 자신의 인물들을 통해 독자들에게 전하고 싶은 삶의 비결일지도 모른다.

*

 '엄마 됨'의 경험은 여성 작가들에게 가장 큰 경력단절의 원인이자 창작의 걸림돌이었다. 신화와 이데올로기의 옷을 입은 모성은 여성을 신체적으로뿐만 아니라 정신적으로 속박해왔다. 타자기 앞을 떠나 아이에게 매인 몸이 된 엄마는 불행하고 아이를 두고 홀홀히 타자기 앞으로 돌아가기엔 아이가 너무 사랑스러워 고통스럽다. 아이와 함께하는 행복을 선택한 자에겐 자괴감이라는 괴물이, 쓰기를 선택한 자에겐 죄책감이라는 형벌이 찾아와 괴롭힌다. 거울을 보고 굳어버린 메두사처럼 엄마이자 작가인 여성은 아이의 맑은 눈망울에서 괴물이 되어버린 자신을 발견하고 얼어붙는다. 이토록 아름다운 존재 앞에서 불행을 느끼는 자신을 견딜 수가 없다. 더할 나위 없는 기쁨이어야 한다는 엄마 됨의 경험에서 고통이라는 불순물을 뿜어내는 자신이 더럽게 느껴진다. 그 분열이 엄마의 정신을 혼탁하게 휘젓고 엄마의 글쓰기에 불가능을 언도한다.

 1958년 4월 실비아 플라스는 하버드에서 열린 남편 테드 휴즈의 데뷔 시집《빗속의 매(The Hawk in the Rain)》낭독회에 참석했다가 평소 은근한 경쟁심을 품고 있던 에이드리언 리치를 만난다. 플라스와 리치 부부는 이후 종종 어울리며 교류했는데 어떻게 해야 여성 작가로서 경력을 일구어갈 수 있느냐는 플라스의 질문에 '선배'였던 리치는 강력한 어조로 조언한다. "아이들을 가지지 마세요." 플라스는 1960년 4월에 첫딸을 낳고, 그해 10월 첫 시집 《거상(The Colossus)》를 냈다. 플라스는 죽음을 실행에 옮기기 6개월 전인 1962년 8월 BBC 라디오극으로 방송될 시 〈세 여성: 셋의 목소리를 위한 시(Three Women: A Poem for Three Voices)〉에서 이제 막 아기를 낳은 어느 부인의 목소리를 빌려 이렇게 토로한다.

나는 잔악함의 한가운데에 있다.
나는 어떤 고통, 어떤 슬픔의 어머니가 되어야 할까?

이토록 순수한 것이 사람을 죽일 수 있을까? 그것이 내 생명을 젖으로 빨아댄다.

플라스에게 작가가 되려면 아이를 낳지 말라고 조언했을 때 리치는 이제 막 셋째의 임신 사실을 알게 된다. 1958년 7월의 일기에 리치는 뜻밖의 임신에 대해 언급하면서 "견디며 살아가야 할 절망이 더 남았다면 정확하게 예측하고 견뎌낼 것이다"라는 다짐의 문장과 함께 "이상하고 예기치 못한 방식으로 아이의 탄생을 진심으로 환영한다"라고 적었다.

삶에서 시를 가장 중요하게 여겼던 두 여성 시인이 엄마 됨의 경험 속에서 절망하고 분투하는 모습을 엿볼 때마다 독자인 나는 마음을 깊이 베인다. 단 한두 시간을 오직 자신의 것으로 삼기 위해 새벽녘 잠과 피로의 구덩이에서 겨우 빠져나와 책상 앞에 앉는 그 마음을 알 것도 같아 울고 싶어진다. 엄마 됨의 경험이 세계로부터 자신을 소외시키는 고립일 수밖에 없을 때 여성은 세계 안에서 자신의 정체성을 삭제당한다. 글을 쓰는 여자는 모두 생존자라고 했던가. 이 문장을 조금 고쳐 말하고 싶다. 엄마가 된 여자는 모두 생존자다. 그러므로 고통과 기쁨이 범벅이 된 모성의 양가성을, '생명을 젖으로 빨아대는' 엄마 됨의 분투기를 증언할 때 엄마가 된 여자는 모두 쓰는 사람이다.

손전등 하나의 역할을 통해

《광막한 사르가소 바다》 진 리스

윤정길 옮김, 웅진씽크빅, 2008

《남과 북》 엘리자베스 개스켈

이미경 옮김, 문학과지성사, 2013

진짜 이름을 되찾는 일

샬럿 브론테의 《제인 에어》를 러브스토리로 읽든 강력한 신분 사회이자 가부장제 사회였던 19세기 영국에서 한 젊은 여성이 주체적 자아를 확립하는 이야기로 읽든, 서사가 통과하는 여러 곡절 가운데 가장 강력한 인상을 촉발한 요소를 꼽으라면, 단연 '다락방의 미친 여자' 버사 메이슨일 것이다. 인간의 언어조차 허락되지 못한 채 불길한 기척이나 소리, 폭력적 공격, 방화 등 '비정상적' 행위로만 등장하는 버사 메이슨에 대해 우리가 아는 거라곤 자메이카의 크리올(식민지에서 태어난 유럽계 자손을 가리키는 말이었으나 유럽계와 현지인의 혼혈을 부르는 말로 확대되었다)이고, 원래 가계에 흐르던 광기가 강화되어 다락방에 감금할 수밖에 없었다는 것 정도다. 《제인 에어》가 세상에 나온 지 백 년 만에 영국계 크리올의 딸이었던 작가 진 리스는 버사 메이슨을 제대로 조명한 《광막한 사르가소 바다》를 발표했다.

진 리스는 버사 메이슨의 진짜 이름을 되찾는 일부터 시작한다. 영국 식민지 자메이카에서 농장주 아버지와 크리올 어머니 사이에서 태어난 앙투아네트는 아버지의 죽음과 노예해방 이후 황폐해진 저택에서 가난과 수모를 견디며 살아간다. 주변 원주민들은 앙투아네트를 '흰 검둥이'나 '하얀 바퀴벌레'라고 부르며 멸시한다. 어머니의 재혼으로 앙투아네트는 메이슨이라는 새 성을 부여받지만, 원주민의 폭동으로 유년의 집은 불타버리고 남동생도 목숨을 잃는다. 충격을 견디지 못한 어머니는 정신병원에 갇혔다가 끝없는 성적 학대를 당하며 비극적인 죽음을 맞는다. 혼자 남은 앙투아네트에겐 양아버지에게 물려받은 재산이 있었지만, 로체스터와의 결혼으로 그 재산마저 뺏기고 만다. (당시 영국법에 따라 결혼한 여성의 재산은 전부 남편의 것이 되었다.)

순전히 앙투아네트의 재산을 보고 결혼한 로체스터는 '그런 처지에 빠진' 자신을 연민하느라 정작 자신이 앙투아네트에게 가하는 폭력과 수탈의 본질은 제대로 보지 못한다. 오히려 앙투아네트를 "길게 찢어진, 검은 동자의 눈. 서글픈 이방인의 눈. 그녀가 아무리 영국 순수 혈통의 크리올이라지만, 크리올을 영국 사람이나 유럽 사람이라고 할 수는 없지"라고 묘사하며 철저히 타자화한다. 앙투아네트를 '버사 메이슨'이라고 제멋대로 이름까지 바꿔 부르는 로체스터의 태도는 노예를 대하는 노예주나 식민지를 대하는 제국주의에 더 가깝다. 그런 로체스터에게 앙투아네트는 말한다. "버사는 내 이름이 아니에요. 다른 사람의 이름으로 나를 부르는 것은 나를 내가 아닌 다른 사람으로 만들려는 거지요?"

앙투아네트는 백인도 유색인종도 아닌, 온전한 지배계급도 피지배계급도 아닌, '혼종' 혹은 '경계의 인간'이다. 프랑스 식민지 마르티니크 출신의 흑인 유모 크리스토핀에게 정서적으로 의존하면서 자신에게 새로운 성을 부여한 부유한 백인 아버지 메이슨 씨의 문화를 동경하기도 한다. 그러나 이 경계에 서 있는 사람은 앙투아네트만이 아니다. 농장주의 아내였으나 남편의 죽음으로 모든 비호를 잃고 가장 비참한 처지로 전락하고 마는 앙투아네트의 어머니도, 오베아(카리브해 지역의 정통 주술)를 실행하는 주술사이자 앙투아네트의 유모인 크리스토핀도 모두 경계인이다. 다시 말해 가부장제와 결혼제도 안에 단단히 묶여 있지 않으면 신상에 어떤 안정도 보장되지 않는 당시 여성들은 여성이라는 이유만으로 모두 '혼종' 혹은 '경계인'이 된다.

진 리스(1890-1979)는 웨일스 의사인 아버지와 스코틀랜드계 도미니카 크리올 3세인 어머니 사이에서 태어났다. 남동생이 한 명 있었던 점, 어머니 가족이 도미니카에 농장을 소유하고 있었던 점은 소설 속 앙투아네트와 비슷하다. 진 리스는 열여섯 살에 교육을 위해 영국으로 건너가지만, 이방인이자 낯선 억양 때문에 놀림을 당한다. 1909년 배우가 되고자 왕립연극학교에 진학하지만 교사들은 그의 영어가 적절하지 않다는 이유로 학교를 그만두길 종용한다. 결국 리스는 배우의 꿈을 포기하고 코러스걸, 누드모델 등의 일을 전전한다. 이 시기 이방인으로 살아가야 했던 영국 생활의 절망감과 경제적으로 의존했던 부유한 연상 연인과의 관계, 낙태의 경험 등을 기록해 훗날 장편소설 《어둠 속의 항해》에 담아낸다.

리스는 D. H. 로런스를 발굴한 것으로 알려진 작가 포드 매덕스 포드를 만나면서 본격적인 창작 활동을 시작한다. 포드의 주선으로 단편 〈빈〉을 발표하면서 데뷔하고 이후 모더니스트 작가들과 교류를 이어간다. (본명 엘라 윌리엄스를 진 리스라는 필명으로 바꾸자고 제안한 것도 포드였다.) 단편집 《왼쪽 둑》(1927) 장편 《사중주》(1928) 《매켄지 씨를 떠난 후》(1931) 《어둠 속의 항해》(1934) 《한밤이여, 안녕》(1939)을 잇따라 출간하지만 2차 세계대전이 발발하면서 20년 가까이 은둔 생활에 들어간다. 리스를 다시 불러낸 것은 영국의 배우이자 작가인 셀마 배즈 디아스였다. 1949년 디아스는 리스의 소설 《한밤이여, 안녕》을 라디오 드라마로 각색하고 싶다며 리스를 찾는 신문광고를 게재했다. 리스가 이에 화답했고 두 사람은 이후 오랫동안 우정을 이어나간다. (각색한 BBC 라디오 드라마는 큰 인기를 끌었고 리스는 평단과 대중 모두에게서 재조명을 받는다.) 다시 세상 밖으로 걸어 나온 리스는 1966년 《광막한 사르가소 바다》를 발표하면서 WH 스미스상과 하이네만상을 수상하고 1978년에는 문학에 기여한 공로로 대영제국훈장을 받는다. 평생 경계인의 삶을 살았던 리스의 작품은 카리브해와 영국 문학의 경계에 있으며 오늘날까지 페미니즘, 탈식민주의 등 다양한 측면에서 수많은 연구자와 독자들의 관심을 끌고 있다.

로체스터는 앙투아네트를 영국의 손필드 저택으로 데려가 문학사에서 가장 유명한 다락방에 가둔다. 《제인 에어》를 다시 쓰기로 마음먹은 순간 앙투아네트가 버사 메이슨이 되어 비극적인 최후를 맞이하는 결말은 피할 수 없었을 것이다. 그러나 작가는 마지막 장 '손필드'를 앙투아네트의 시점으로 진술하고 우리는 《제인 에어》의 짐승 같은 광녀가 아닌 자유를 갈망하는 한 여성의 최후를 목도한다.

> 나를 증오하는 사나이가 나를 부르고 있었다. 버사! 버사! 바람이 내 머리에 닿으니 머리칼은 마치 날개처럼 물결치며 펄럭였다. 내가 만일 저 아래 단단한 돌바닥으로 뛰어내리면 내 머리칼이 날개가 되어 나를 둥둥 뜨게 하겠지. (중략) 이제 드디어 나는 내가 왜 여기에 끌려왔는지를 알게 되었고, 무엇을 해야만 하는지도 알았다. 바람이 어디서 불어왔는지 촛불이 깜박거렸고, 나는 촛불이 꺼졌다고 생각했다. 그러나 내가 손으로 바람을 막아주자 촛불은 다시 살아나 타오르기 시작했다. 내가 가는 이 캄캄한 길을 밝혀주기 위하여.*

* 진 리스, 《광막한 사르가소 바다》(윤정길 옮김, 웅진씽크빅, 2008), 260-261쪽

이 비극의 순간에도 추락하는 앙투아네트에겐 날개가 있고, 어둠을 걸어가는 그의 앞에 촛불이 타오른다. 백 년간 철저히 오해받아온 여성에게 앙투아네트라는 이름을 찾아주고 예정된 추락 앞에서 찰나의 순간이나마 날개를 달아주고 싶었던 마음이야말로 진 리스가 이 작품을 쓸 수 있었던 가장 절실한 추동력이 아니었을까.

목격자는 기꺼이 행동한다

마거릿 헤일은 신념의 변화로 목사직을 그만둔 아버지를 따라 '테니슨의 시에 나오는, 시 속 마을' 같은 남부 헬스턴을 떠나 북부의 상공업 도시 밀턴으로 이주한다. 헬스턴이 푸른 하늘과 꽃이 만발한 들판의 공간이라면, 밀턴은 공장 굴뚝이 뿜어내는 잿빛 연기와 면화 공장 안을 떠돌며 노동자들의 폐 속으로 밀려드는 하얀 솜털, 기계가 토해내는 끊임없는 굉음의 공간이다. 마거릿은 아버지의 개인 교습 문하생인 면화 공장 소유주 존 손턴을 만나는데, 손턴은 마거릿에게서 자신을 무시한다는 인상을 받고 마거릿 역시 노동자들을 폭력적으로 대하는 손턴에게 분노한다. 밀턴 사람들은 마거릿을 '곱게 자란' 남부 출신 중류층 여성으로만 바라보지만, 사실 마거릿은 목사직을 내려놓은 아버지와 병약한 어머니, 지명수배자 신분으로 해외를 떠도는 오빠를 대신해 실질적인 가장의 역할을 맡아 밀턴에서 새 생활을 헤쳐나가는 용감하고 자주적인 여성이다.

마거릿은 밀턴의 파업 주동자인 노동자 히긴스와 어린 나이부터 면화 공장에서 일하다가 면폐증에 걸려 죽어가는 히긴스의 딸 베시와 친구가 되면서 열악한 환경에서 살아가는 북부 노동자들의 삶을 가까이에서 목격한다. 남부에서 목가적이고도 안락한 생활을 누려왔던 마거릿에게 참담한 북부의 현실은 고통을 아주 가까이서 목격해야 하는 충격과 고뇌를 안겨주지만, 마거릿은 현실을 회피하거나 외면하지 않고 기꺼이 이웃들의 삶에 개입한다. 파업이 시작되고 공장주 손턴이 모자란 노동력을 충당하기 위해 값싼 아일랜드 노동자를 데려오자 파업 중이었던 노동자들이 분노해 손턴의 집으로 몰려든다. 군중은 굳게 잠긴 정문을 쉽게 부수고 손턴의 코앞까지 몰려들고 위협을 느낀 손턴은 군인을 부른다. 불안과 공포가 고조되는 이 아슬아슬한 대치 상황에서 마거릿은 충고한다. "용기가 조금이라도 있다면, 손턴 씨에게 고귀함이 조금이라도 있다면 밖으로 나가 저들과 인간 대 인간으로 말하세요."

그러나 이미 끓어오를 대로 끓어오른 군중의 분노는 쉬이 가라앉지 않고 급기야 마거릿은 군중의 폭력으로부터 손턴을 보호하기 위해 거의 반사적으로 팔을 둘러 손턴의 몸을 감싸고 스스로 사나운 군중을 막는 방패가 된다. 여성이 공개적으로 소신껏 발언하는 것조차 허락되지 않는 시대에 포악해진 군중과 대치 중인 공장주 사이를 여성의 몸으로 막아선 것은 혁명에 가까운 일이다. 그 상태에서 마거릿은 군중을 향해 폭력으로 대의명분을 손상시키지 말라고 당부하지만, 결국 누군가 던진 돌팔매에 이마를 맞고 손턴의 품에 쓰러지고 만다. 마거릿은 결혼에 관해서도 빅토리아시대 여성의 보편적 사고를 훌쩍 뛰어넘는 행보를 보여준다. 결혼을 신분제를 공고히 하고 재산을 기준으로 미래를 보장하는 방편으로 삼았던 당시 관습에도 불구하고 마거릿은 청혼을 받을 때마다 자신의 주체적인 삶을 보장할 수 있는가, 그리고 상대 남성을 진심으로 사랑하는가를 먼저 생각한다. 손턴이 사랑을 고백했을 때도 마거릿은 손턴과 군중 사이를 몸으로 막아선 행동이 오직 사적인 감정에 의해서 일어난 것으로 오해받을까 걱정한다.

《남과 북》은 엘리자베스 개스켈(1810-1865)이 찰스 디킨스가 발행하는 주간문예지 《하우스홀드 워즈(Household Words)》에 연재했던 사회소설이다. 개스켈은 영국 런던에서 유니테리언파* 목사의 여덟 자녀 중 막내로 태어났다. 생

---

* 일반적으로 자유주의적 경향을 띠며, 교리보다는 윤리를 중요시한다.

후 13개월에 어머니를 여의고 체셔주 너츠퍼드의 이모 집으로 보내졌다. 주로 체셔에서 어린 시절을 보내고 교육을 받은 개스켈은 1832년 역시 유니테리언파 목사인 윌리엄 개스켈과 결혼하며 맨체스터에 정착한다. 그는 남편과 함께 맨체스터의 빈민 구제 사업 등에 매진하는데, 당시 맨체스터의 산업 환경과 도서관에서 빌린 책들은 이후 글쓰기에 큰 영향을 미친다. 30대 후반에 어린 아들을 잃고 슬픔을 잊기 위해 본격적인 작품 활동을 시작한 개스켈은 1848년 빈민의 비참한 생활과 노동자의 참상을 그린 장편소설 《메리 바턴》을 출간한다. 첫 책은 대단한 성공을 거두었고 독자와 문단의 찬사를 골고루 받았다. 이후 찰스 디킨스, 존 러스킨, 샬럿 브론테 등 당대 작가들과 교류하며 작품을 연달아 발표했고, 《남과 북》을 통해 고용주와 노동자, 기득권자와 소외된 자들이 사회적 화해를 이루어야 한다는 메시지를 전달하며 사회소설가로서 입지를 다졌다. 샬럿 브론테와는 평생 친구로 지냈고 브론테 자매의 아버지 패트릭 브론테의 부탁으로 전기 《샬럿 브론테의 생애》를 쓰기도 했다. (이 전기에서 개스켈은 낭만 소설을 쓰는 작가보다 한 사람의 여성 샬럿 브론테에 초점을 맞추었다.) 1865년 마지막 소설 《아내와 딸》의 완성을 눈앞에 두고 심장마비로 사망했다.

개스켈은 《남과 북》에서 산업혁명이 한창이던 빅토리아시대의 아동 노동 착취와 저임금 노동, 심각한 빈부 격차,

폐병의 형태로 두드러지는 산업재해, 신흥 자본가와 노동자 사이 갈등을 촘촘하게 묘사하며 당시 사회의 명암을 고스란히 드러낸다. 그러나 작가는 당대의 문제를 조감의 시선으로 바라보는 데 그치지 않고 중심에 마거릿 헤일이라는 여성의 시선을 단단히 심어놓는다. 우리는 마거릿의 시선을 통해 산업혁명기 영국의 실상과 당시 노동자들의 척박한 삶을 구체적으로 들여다보고 그 사이에서 피어나는 투쟁과 연민과 우정을 목격한다. 또 계급 갈등과 적대감을 드러낼 때조차 작가는 마거릿의 노력과 설득을 통해 노동자 히긴스와 공장주 손턴 사이에서 실낱같은 우정이 발생하는 모습을 잊지 않고 보여준다. 소설 전체에서 마거릿은 언제나 주장하고 설득하고 행동하고 연대한다. 흔히 남성의 모습으로 대표되는 산업혁명기 상공업지대 한가운데에 여성이 뛰어들어 가장 적극적이고 주체적으로 남과 북을 누비는 모습을 보여준다는 점이야말로 이 소설의 가장 큰 성취일 것이다. 마거릿은 (그리고 작가인 개스켈도 더불어) 시대가 강제하는 성적인 틀에 갇히지 않고 기꺼이 행동하고 변화하면서 스스로를 성장시킨다.

*

이탈리아 철학자이자 미학자 조르조 아감벤은 《아우

슈비츠의 남은 자들》에서 '증인'으로서의 작가에 관해 말한다. 증인의 라틴어 뿌리를 찾아가다 만나는 한 단어 'testis(테스티스)'는 경합하는 두 사람 사이의 재판이나 소송에서 제삼자의 위치에 있는 사람을 말한다. 두 번째 단어 'supérstes(수페르스테스)'는 어떤 일을 끝까지 겪어낸 사람, 그래서 끝까지 겪어낸 그 일에 관해 말할 수 있는 사람이다. 그러나 아우슈비츠를 끝까지 겪어낸 사람은 죽은 자일 것이고 죽은 자는 증언할 수 없는 문제가 발생한다. 그래서 아감벤은 수용소의 생존자를 '의사-증인'이라고 부른다. 이 '의사-증인'은 제대로 된 증언자가 아닌가? 오직 사건의 당사자만이 사건을 말할 수 있을까? 그렇지 않다는 것은 이미 수많은 증언의 기록들이 대답하고 있다. 아감벤의 말처럼 "불완전할 수밖에 없는 증언은 또 다른 증언의 불가능성에, 즉 언어를 갖고 있지 못한 존재의 불가능성에 자리를 내주어야" 한다.

남아프리카공화국의 소설가 네이딘 고디머는 1991년 노벨문학상 만찬 연설에서 "우리(작가들)는 세계를 발견하기 위해 무엇보다 먼저 우리 자신의 세계에 온전히 들어가야 한다는 것을 깨달았다. 우리가 처한 특정 장소의 비극을 뚫고 들어가야 했다"라는 말로 증언자로서 작가의 위치를 강조했다. 수상 강연에서는 "조금이라도 가치가 있는 작가라면 누구나 그저 손전등 하나의 역할을 통해 ― 드물게는 천재성을 발휘해 횃불로 타오르기도 하지만 — 인간의 경험과 존재라는 피비린내 나지만 아름다운 미로를 비출 수 있기를 희망한다"라고 말하며 '증인'이자 '조명'으로서 작가의 책무를 다시금 확인했다.

언어가 없는 곳에 언어를, 빛이 없는 곳에 빛을 들고 찾아가는 자. 이것이 수많은 작가들이 스스로 밝힌 작가의 정의다. 진 리스가 언어가 없었던 《제인 에어》의 버사 메이슨에게 이름을 찾아주고 사연과 맥락을 밝혀주었듯이, 엘리자베스 개스켈이 공장 기계 부품으로 전락한 산업혁명 시기 (여성) 노동자들에게 조명을 비춰주었듯이, 드러내고 밝히는 것이야말로 작가의 기본 책무이고 이 기본은 동시대 작가들에게도 여전히 유효하다.

정체성 찾기가 요구하는 대가

《패싱》넬라 라슨
박경희 옮김, 문학동네, 2021

《루시》저메이카 킨케이드
정소영 옮김, 문학동네, 2021

흑인 여성이 겪는 몇 겹의 불행

아무리 다양한 혼혈이라도 흑인의 피가 한 방울이라도 섞이면 흑인으로 보는 것이 '한 방울 법칙'이다. 이런 극단적인 이분법을 통해 보면 '백인'과 '흑인'을 구별하는 기준은 피부색이 아니게 된다. '한 방울의 법칙'이 인종 정체성을 규정하는 세계에서는 피부색이 밝아서 누가 봐도 '백인'으로 보여도 그저 '흑인'이다. 이렇게 외모와 혈통의 모순이 만들어낸 현상이 '피부색이 밝은 흑인의 백인 행세'를 뜻하는 '패싱(passing)'이다.

흑인 의사와 결혼해 1920년대 뉴욕 맨해튼 할렘의 중산층 삶에 안착한 아이린에게 어린 시절 친구 클레어가 나타난다. 언제나 자신의 욕망에 충실했던 클레어는 아름다운 외모의 백인으로 패싱해 심각한 인종차별주의자이자 흑인 혐오주의자인 남편과 살고 있다. 아이린은 클레어 부부를 처음 만난 자리에서 그 남편이 클레어를 '닉(깜씨)'이라고 부르는 걸 목격하고 경악한다. 클레어가 "이렇게 오랜 세월을 함께한 뒤에, 나에게 흑인의 피가 일이 퍼센트쯤 섞여 있다 한들 달라질 게 있어요?"라고 떠보자 남편 벨루는 단호하게 대답한다. "당신이 얼마든지 까매져도 상관이 없다고, 당신이 깜둥이가 아니라는 걸 내가 아니까. 하지만 거기까지야. 우리 집안에 깜둥이는 안 돼."

언제라도 남편에게 자신의 정체를 들킬 위험이 있는데도 클레어는 자꾸만 아이린의 흑인 공동체에 끼어들며 아이린의 삶마저 불안에 휩싸이게 한다. 지나치게 매력적인 클레어는 아이린의 주변인들을 매혹하고 결국 아이린의 남편 브라이언까지 흔들어놓는다. 남편의 마음을 의심하게 된 아이린은 클레어를 자신의 삶에서 몰아내고 싶은 충동에 휩싸인다. 그러나 클레어의 남편에게 클레어의 정체를 '고발'하려는 마음은 끝내 떨칠 수 없는 인종에 대한 공동체 의식과 연민 때문에 무너지고 만다. 아이린은 클레어의 거침없는 행동을 막아내고 싶을 때 '모성'을 이용하기도 한다. 클레어가 임신 중에 피부색이 검은 아기가 태어날까 봐 공포에 휩싸였다고 고백한 바 있는 딸의 미래를 생각하라고, 지금껏 누려왔던 모든 것을 잃을 수도 있다고 넌지시 암시한다. 두 여성의 갈등과 불안에 인종과 젠더와 계급이 교차하는 대목이다.

타고난 계층과 인종을 고수함으로써 소수에 속하게 되었다고 느끼는 아이린은 그만큼 자신이 이룬 가족과 일상의 평화를 지키기를 열망한다. 이에 비해 클레어는 위험을 감수하고서라도 백인 사회와 흑인 공동체 사이 경계 지대를 표류하며 새로운 삶을 누리고자 욕망한다. 두 여성의 갈등은 한 인물의 내적 갈등으로 보이기도 한다. 긴장이 고조되다 결국 폭력적으로 폭발하고 마는 결말은 인종 문제가 흑인 여성들의 삶에 가하는 몇 겹의 불행을 참혹하게 그려낸다. 이토록 다른 듯 닮은 두 여성의 모습은 실제로 흑인 사회와 백인 사회 모두에서 제자리를 찾지 못했던 작가 넬라 라슨의 삶을 반영한 것이기도 하다.

넬라 라슨(1891-1964)은 미국 시카고에서 덴마크 이민자 어머니와 서인도제도 출신 아버지 사이에서 태어났다. 아버지의 부계 조상은 덴마크령 서인도제도에 정착했던 뉴욕 출신 백인으로 알려져 있다. 그러나 라슨의 아버지는 일찍 세상을 떠나고 어머니는 곧바로 재혼하면서 딸에게 라슨이라는 성을 부여한다. 어린 시절 어머니, 여동생과 함께 3년간 덴마크에 가 지냈는데 백인들이 주류인 환경에서 지냈던 당시를 좋은 기억으로 간직하게 된다. 1898년 시카고로 돌아왔을 때 남부 흑인들이 대규모로 이 도시로 이주했고 유럽 이민자들도 많았기에 직업과 거주지를 둘러싼 양 집단 간의 경쟁이 치열해지고 긴장감이 고조되었다.

재봉사와 가정부로 일했던 라슨의 어머니는 교육이야말로 딸에게 기회를 제공할 수 있다고 믿고 역사적으로 유명한 흑인 대학교였던 피스크대학교에 보낸다. 라슨은 이곳에서 처음으로 흑인 공동체를 경험하지만, 자신의 독특한 배경 때문에 대부분이 남부 출신이자 노예의 후손인 다른 학생들 사이에 완전히 섞여 들어가지 못한다. 흑인 공동체에서 제자리를 찾지 못한 라슨은 3년간 덴마크에서 학업을 이어가고 다시 미국으로 돌아와 자기 자리를 찾기 위한 분투를 이어나간다. 그는 1914년 뉴욕 간호학교에 등록해 졸업 후에는 1년간 앨라배마주 터스키기에서 간호사로 일하고, 뉴욕으로 돌아와서도 2년간 링컨병원 간호사로 일하다가 공무원 시험에 합격하면서 시보건국 간호사로 일한다.

라슨은 1919년 미국에서 두 번째로 물리학 박사 학위를 받은 아프리카계 미국인 엘머 아임스와 결혼하면서 본격적으로 글을 쓰기 시작한다. 1920년대에 부부는 할렘으로 이사하면서 이른바 할렘 르네상스의 한가운데로 뛰어드는데, 여기서도 대학 학위가 없었던 라슨은 대학과 가계 혈통을 중시하고 흑인 공동체의 끈끈한 연대를 강조하는 할렘의 흑인 중산층 사이에서 소외감을 느낀다.

1921년 라슨은 뉴욕공공도서관 최초의 '흑인 예술' 전시회 준비를 거들기 위해 자원봉사 사서로 일한다. 그러다 흑인 여성 최초로 컬럼비아대학교가 운영하는 뉴욕공공도서관 도서관학교를 졸업하고 1923년 사서 자격증을 획득하면서 사서 일에 집중한다. 1926년에는 할렘 르네상스를 이끈 주역들과 교류하면서 사서 일을 그만두고 본격적인 집필 활동을 시작한다. 1928년 발표한 자전적 소설《퀵샌드》가 평단의 주목을 받고 이듬해 두 번째 소설《패싱》을 발표하면서 작가로서 역량을 인정받지만 1930년에 발표한 단편 〈안식처〉가 영국 작가 실라 케이 스미스의 단편 〈아디스 부인〉을 표절했다는 논란에 휘말리고 만다. 표절과 관련한 어떤 결론도 내려지지 않은 채 라슨은 흑인 여성 최초로 구겐하임 펠로십을 수상하고 막대한 상금으로 유럽으로 여행을 떠나 몇 년간 스페인 마요르카와 프랑스 파리에서 지내며 등장인물이 모두 백인인 삼각관계를 다룬 장편을 집필한다. 그러나 그 후로 라슨은 어떤 책도 출간하지 않았다.

라슨의 작품 활동 기간은 짧았고 발표한 작품 수도 적었지만, 20세기 후반 인종과 성 정체성에 관한 문제가 대두되면서 그의 작품은 무수한 관심과 연구의 대상이 되었다. 스스로 인종과 성 정체성 문제에서 자유롭지 못했고 어딜 가나 이방인 취급을 받아왔던 라슨은 소설을 통해 우리에게 질문한다. '있는 그대로의 모습으로 살아가기'가 이토록 어려운 일이어야 하느냐고. "분명, 피부가 검은 함의 자손들만큼 저주받은 사람들은 없었다." 소설 속 아이린의 속내는 어쩌면 작가 자신의 진심이었을지도 모르겠다.

모든 것과 불화할 수밖에

《루시》는 서인도제도 앤티가섬에서 태어나 열일곱 살에 외국인 입주 보모로 미국 뉴욕에서 생활한 저메이카 킨케이드의 자전적 성장소설이다. 소설은 루시가 사시사철 여름뿐인 고향을 떠나 추운 1월에 미국 대도시에 도착하는 장면으로 시작한다. 해가 화창하게 떴는데도 바깥 공기가 차가운 것이나 음식을 차갑게 보관하는 냉장고 같은 것들이 루시에겐 낯설기만 하다. 그때마다 루시는 반사적으로 고향과 엄마를 떠올리지만, 그럴수록 그것들에서 벗어나고자 했던 간절한 마음을 상기한다.

열네 살 루시는 당시 영국령이었던 고향에서 '통치하라, 브리타니아! 브리타니아, 파도를 제압하라. 영국인은 절대, 절대 노예가 되지 않으리니' 같은 노래의 합창을 거부했다. 자신의 조상인 아프리카 흑인 노예의 역사를 알고부터는 절대 그 노래를 부를 수 없었다. 또 열 살에는 한 번도 본 적 없는 수선화를 찬미한 어느 영국 시인의 시를 강압적으로 외워야 했다. 청중 앞에서 그 시를 완벽하게 외워 큰 찬사를 받았던 날 밤 어린 루시는 수선화에 쫓기다 꽃 더미에 파묻히는 악몽을 꾼다. 그 이야기를 들은 루시의 현재 고용주 머라이어는 수선화와의 안타까운 인연을 고쳐주고 싶은 선의로 진짜 수선화가 아름답게 피어 있는 정원을 루시에게 보여준다. 그러나 루시는 그 어떤 선의로 출발했든 각자 처지에 따라 같은 풍경도 다르게 볼 수밖에 없는 현실을 더 예리하게 자각할 뿐이다.

이렇듯 루시와 머라이어의 시선은 계속해서 엇갈리고 또 미끄러진다. 기차를 타고 휴가를 떠나던 날, 머라이어가 창밖으로 흙을 막 갈아엎은 땅을 보고 정말 좋아하는 풍경이라고 감탄하면, 루시는 자신이 옛날에 미국에 살았다면 분명 노예였을 텐데 "저 일을 내가 안 해도 돼서 정말 다행이네요"라고 대꾸한다. 머라이어의 눈에 루시는 '화가 많은 아이'이고 루시의 눈에 머라이어는 자신의 선의마저도 탄탄한 계급적 인종적 우위에서 누릴 수 있는 행운이라는 사실을 깨닫지 못하는 '해맑은' 가진 자다. 그러나 루시와 머라이어 사이는 단순한 고용-피고용 관계를 넘어 서로를 향한 연민에 기반한 '중년 여성-청년 여성' 혹은 '유사 모녀 사이'라고 부를 수도 있는 관계의 끈으로(너무 가늘어서 언제라도 끊어질 것만 같지만) 이어져 있다.

루시는 소설 속 1년 남짓한 시간에 사계절을 알게 되고, 다소 파행적인 우정과 성애를 추구하기도 한다. 그러나 어느 날 갑자기 고향에서 날아온 비보가 루시에게 진정한 독립의 시기임을 일깨우고, 루시는 다소 폭력적인 홀로서기를 감행한다. 소설을 읽는 내내 독자는 어쩔 수 없는 루시의 냉소적인 시선과 진정한 자유와 독립을 향한 아슬아슬한 분투를 바라보며 연민을 품게 되는데, 루시 역시 독자의 그런 마음을 간파한 듯 세를 얻어 나간 작은 아파트에서 머라이어가 선물한 공책 첫 장에 다음과 같은 첫 문장을 적어본다. "사랑해서 죽을 수도 있을 만큼 누군가를 사랑할 수 있으면 좋겠다." 이것은 작가가 루시에게 선사한 문장이기도 하고 독자가 루시에게 바라는 마음이기도 하므로, 소설은 읽는 이에게 기이한 감정이입과 전위의 경험을 안겨주며 루시의 (그리고 어쩌면 뭇 독자의) 눈물과 함께 마무리된다.

저메이카 킨케이드는 1949년 카리브해 동쪽 영국 연방 내 독립국인 앤티가섬의 수도 세인트존스에서 태어나 가난하지만 독서를 즐기고 교양 있는 어머니, 목수였던 새아버지와 살았다. 킨케이드는 어머니와 사이가 좋았으나 아홉 살이 되고 남동생 셋이 연달아 태어나면서 어머니의 관심과 집안의 지원이 어린 동생들에게 쏠리자 어머니를 원망하기 시작했다. 이때 어머니로부터 경제적 지원뿐만 아니라 정서적 지원까지 끊겼다고 느낀 것 같다. 어느 인터뷰에서 그는 "어머니는 내게 자신의 이야기를 많이 들려주었다. 아마 그래서 내가 작가가 된 것 같다"라고 말한 적이 있다. 어머니와의 대화는 그를 작가로 만들었지만, 어머니와의 애증 관계는 그를 《루시》의 작가로 만들었다.

킨케이드는 식민 지배하인 고향에서(앤티가섬은 1981년 영국으로부터 독립했다) 영국식 교육을 받으며 자랐지만 가정 형편이 어려워지면서 학교를 그만두고 열일곱 살에 미국 뉴욕주 스카스데일로 건너가 외국인 입주 보모인 '오페어(Au Pair)'로 일하기 시작했다. 이후 작가는 소설 속 루시처럼 일부러 가족과 고향으로부터 멀리 떨어져 20여 년간 가족과 단절된 삶을 산다. 오페어로 일하면서 야간학교에 등록해 학업을 이어갔고 뉴햄프셔의 프랑코니아대학교에 진학해 사진을 공부했다. 그러나 이듬해 자퇴하고 뉴욕으로 돌아와 여러 직업을 전전했다. 1973년부터 저메이카 킨케이드라는 필명으로 본격적인 작품활동을 시작했고,《파리 리뷰》《뉴요커》 등에 단편을 기고하면서 《뉴요커》의 전속 작가로 20년간 글을 썼다. 필명으로 바꾼 것에 대해 그는 "이런저런 무게에 눌려 할 수 없는 일이 많은 그 사람이 아닌, 그런 일을 할 수 있는 다른 사람이 되는 방법이었다"라고 말하기도 했다. 킨케이드는 탈식민주의와 여성, 인종, 계급, 이주민으로서의 자기 정체성을 반영한 자전적 소설을 주로 썼으며, 1985년 구겐하임 펠로십을 수상했고 2004년 미국 문학예술아카데미 회원으로 선출되었다. 뛰어난 원예가이자 원예 관련 책을 쓰기도 했다.

'화가 많은 애' 루시의 분노와 적의는 작가 자신의 분노와 상당 부분 겹친다. 루시는 영국 제국주의와 미국 백인의 인종적이고 계급적인 편견에 분노하고 자신을 머나먼 타국으로 보냈으면서 자꾸 정서적으로 의존하게 하는 엄마에게 분노한다. 엄마와의 애증 관계는 자신을 사랑하는 고용주 머라이어와의 복잡한 관계와 겹치고 이 모든 것이 루시의 성장을 방해하면서 동시에 추동한다. 주변의 모든 것과 불화하는 것처럼 보이는 루시의 성장기는 매끄럽지 않고 오직 절박한데, 그건 루시가 편치 않은 그 길에서 자신을 중심에 놓는 일에 실패하지 않기 때문이다. 킨케이드는 루시를 통해 자신의 성장기를 겹쳐 보여주면서 우리에게 설파하는 것일지도 모른다. 성장이란 게 원래 이렇게 좌충우돌 분투기이며 주변부 여성에게 특히 성장의 밑거름은 애정보다 분노 쪽이 아니겠냐고.

*

영화 〈애프터 양〉의 원작인 알렉산더 와인스타인의 단편소설 〈양에게 작별 인사를(Saying Goodbye to Yang)〉에는 정체성과 관련해 현실에서도 쉽게 만날 수 있는 혐오와 차별의 장면이 있다. 소설 속 화자는 중국에서 딸을 입양한 후 딸의 뿌리를 찾아주기 위해 중국의 모든 것을 알려줄 수 있는 문화 안드로이드 양을 구입한다. 어느 날 양이 기능을 멈추자 '나'는 이웃에게 소개받은 사설 수리소를 찾아가는데, 수리소 주인 러스는 양을 보자마자 한숨을 내쉬며 말한다. "한국인을 데려오셨군." 중국인이라는 '나'의 설명에 러스는 또 말한다. "그거나 그거나." 소설 배경은 북한의 침공을 받은 직후의 근미래 미국이고, 그 시대 미국인에게 동양인은 중국인이든 일본인이든 한국인이든 상관없이 그저 잠재적인 테러리스트이자 얼마든지 혐오해도 좋은 위협 요소일 뿐이다. 코고나다 감독은 영화 속 양이 가장 좋아하는 노래로 이와이 슌지의 영화 〈릴리 슈슈의 모든 것〉의 주제가를 선택했다. 중국인도 한국인도 심지어 인간도 아닌 양은 노래 〈글라이드(Glide)〉의 가사를 빌려 말한다. 나는 화음 속 단순한 멜로디가 되고 싶다고. 탁 트인 공간을 흘러가는 한 줄기 바람이 되고 싶다고. 그저 그런 것들을 소망한다고.

정체성이란 주어진 것이 아니라 되고 싶은 것이어야 한다고 생각한 적이 있다. 부여받은 이름이 아니라 내가 찾을 이름이라고. 그러니까 스스로 선택할 수 있어야 한다고. 그러나 세계는 끊임없이 내가 원한 적 없는 이름을 붙여주었다. 나는 '물정 모르는 여대생'이었다가 '만만한 혼자 사는 여자'였다가 '애 딸린 아줌마'가 되었다. 그런 이름들은 나의 어떤 부분을 제멋대로 확대해 전시하는 폭력적인 돋보기 같았다. '작가'나 '번역가'라는 타이틀을 붙인다고 해서 나의 모든 면이 제대로 조명된다는 생각은 들지 않았다. 그것들은 내가 원한 온전한 정체성이 아니었다. 내가 '작가'로만 소개될 때 내 안의 '애 딸린 아줌마'는 다쳤다. 내가 '볼품없는 중년 여자'로 호명될 때 '읽고 쓰는 사람'은 어둠 속에 갇혔다.

시인 오드리 로드는 "레즈비언 공동체에서 나는 흑인이고, 흑인 공동체에서 나는 레즈비언이다. 억압에 위계란 없다"라는 말로 소수자에게 가해지는 억압의 교차성(intersectionality)을 말했다. "내 침묵은 나를 지켜준 적이

없습니다." 로드의 이 말을 정체성 찾기, 이름 찾기의 과정은 요란한 투쟁이어야 한다는 말로 이해한다.

백인 사회에서도 흑인 공동체에서도 편안한 제자리를 찾지 못했던 넬라 라슨의 투쟁은 《패싱》이라는 작품을 낳았고, 주변부에서 1세계로 이주해온 저메이카 킨케이드는 세계와 불화하는 루시의 성장기를 통해 언제나 세계의 모서리를 살아가는 자신의 모습을 보여준다. 정체성 찾기란 언제고 다칠 수 있다는 각오를 전제로 한다는 것을 이제 나는 안다. 다칠 수 있고 심지어 꺾일 수도 있지만 그래도 한번 싸워보겠다고 안간힘을 내어보는 것, 그것이 스스로 선택한 이름이 우리에게 요구하는 대가다.

순환하는 돌봄에 관하여

―――――――――――――――――――――――――――――――

《도어》 서보 머그더
김보국 옮김, 프시케의숲, 2019

《고마운 마음》 델핀 드 비강
윤석헌 옮김, 레모, 2020

문이 열리고 타인의 삶이 쏟아져 나올 때

폭설을 새하얀 풍경으로 즐길 수 있다면 누군가 거리의 눈을 쓸어내고 있기 때문이다. 소설 《도어》에서 커다란 자작나무 빗자루를 들고 건물 열한 곳의 제설 작업을 책임진 사람은 환갑의 전문 가사노동자 에메렌츠다. 에메렌츠의 세계는 빗자루질을 하는 사람과 빗자루질을 하지 않는 사람으로 이루어졌고, 빗자루질을 하지 않는 사람은 전부 똑같은 권력자다.

'나'는 전업작가 경력에 집중하기 위해 집안일을 맡아줄 가정부를 구하는데, 지인 소개로 만난 에메렌츠는 일을 맡을지 말지, 노동 시간과 급여 등을 어떤 조건으로 할지 전부 자신이 선택한다고 선언한다. 심지어 선택 과정에 '나'와 남편의 평판도 중요한 변수로 작용한다. 처음 듣는 놀라운 조건을 일방적으로 늘어놓은 에메렌츠는 '맑고 제대로 된 소프라노로' 이렇게 덧붙인다. "누구의 것이든 더러운 속옷은 빨지 않아요."

'1인 제국의 1인 국민이었으며 그 통치권은 로마 교황보다 더 강력'했던 에메렌츠는 지독한 반지성주의자에 냉소적인 사람으로, 히틀러도 왕조도 공산당도 의사도 교회도 똑같이 신뢰하지 않고 오직 몸으로 하는 노동의 진실함만을 굳게 믿는다. '노동에서 기쁨을 느꼈고, 노동을 즐겼으며,

일이 없는 시간에는 무엇을 해야 할지 모르는' 사람. 집에 돌아가서는 문을 굳게 닫고 어떤 이도 집 안에 들이지 않는 사람. 그런 에메렌츠가 '나'의 집안일을 수락하면서 두 사람의 관계가 격정적으로 펼쳐진다.

두 사람의 관계를 주도하는 쪽은 에메렌츠다. 관계의 거리도 깊이도 전부 에메렌츠가 결정한다. '나'는 도무지 종잡을 수 없이 괴팍하기까지 한 에메렌츠의 행동을 쫓아가느라 숨이 가쁠 정도다. 그러나 몇 차례 위기를 겪으며 아슬아슬하게 이어지는 두 사람의 관계를 지켜보는 독자들은 뜻밖의 지점에서 애정의 탄생을 목격한다. 에메렌츠는 '나'와의 관계가 비틀어질 때마다 자신의 고통스러운 과거를 한 조각씩 떼어내 들려준다. 눈앞에서 어머니와 어린 쌍둥이 동생이 주검으로 변해버리는 끔찍한 고통을 경험한 어린 에메렌츠가, 막냇동생처럼 돌봤던 암소가 도살당하는 장면을 두 눈 뜨고 목격해야 했던 학대받는 에메렌츠가, 약혼자가 성난 군중의 손에 갈기갈기 찢겨 죽는 모습을 지켜봤던 젊은 에메렌츠가 한 조각씩 증언하고 나면, '나'는 비로소 에메렌츠의 단편들을 한 조각씩 해석하고 이해한다. 에메렌츠는 가사노동자이자 피고용인이면서 역사의 증언자이고, '나'는 고용인이자 돌봄노동의 수혜자이면서 역사의 기록자다. 우정 혹은 애정이라고 할 수 있는 두 사람의 관계가 20년 넘게 이어질 수 있었던 것은 아마도 이렇듯 여러 겹으로 직조

된 탄탄함 때문일 것이다. 그러므로 소설 막바지에 이르러 파국을 맞는 두 사람의 (어쩔 수 없는) 관계를 목격하는 일은 실로 고통스럽기까지 하다.

서보 머그더(1917-2007)는 헝가리를 대표하는 소설가이자 시인, 극작가로 오스트리아헝가리제국 시절 데브레첸에서 태어나 코슈트 러요시 대학에서 라틴어와 헝가리 문학을 전공했다. 졸업 후 개신교 여자기숙학교에서 교사로 일했고 종교 기관과 교육부에서 일하기도 했다. 그는 작품 활동을 시로 시작했다. 1947년 첫 시집《양》을 발표하고 이어 1949년《인간으로의 회귀》를 발표하며 문단의 주목을 받았다. 이 시집으로 바움가르텐상을 받았지만, 작가가 '공산당의 적'으로 분류되면서 곧바로 수상을 취소당하고 공무원 신분까지 잃게 된다. 1949년부터 1956년까지 이어진 스탈린주의 시대에 머그더의 작품처럼 사회주의 리얼리즘을 따르지 않는 문학 작품은 모두 검열을 당했다. 1956년 헝가리 혁명의 영향으로 비로소 출판 금지령이 해제되었고 1958년 소설《프레스코》를 발표하면서 머그더는 왕성한 작품 활동을 이어간다. 1959년과 1975년 요제프 어틸러상, 1978년 코슈트상을 받으며 명실상부한 헝가리의 '국민 작가'로 자리매김했다. 1987년 출간된《도어》가 2003년 프랑스 페미나상을 수상하면서 머그더의 작품이 뒤늦게 세계에 알려지고 지금까지 40여 개의 언어로 번역되었다.

문학사에서 가장 독특하고 복합적인 캐릭터 에메렌츠에겐 '문'이 있다. 그 문은 타인을 향해서 좀처럼 열리지 않는다. 그래서 이 문은 비밀의 다른 이름이다. 에메렌츠의 집 앞마당에는 온갖 사람들이 모여들지만, 굳게 닫힌 문 너머로 들어갈 수 있는 사람은 아무도 없다. 소문이 퍼지고 경찰이 조사를 나오기도 하지만, 문은 절대로 열리지 않는다. 독자는 당연히 그 문 너머에 무엇이 있을지, 에메렌츠가 간직한 비밀이 무엇인지 궁금해하며 페이지를 넘긴다. 그러므로 소설은 마침내 문이 열릴 때까지 독자의 궁금증과 긴장감을 서서히 끌어올리는 미스터리이자 스릴러이기도 한데, 막상 문이 열리고 에메렌츠의 삶과 불행이 쏟아져 나올 때 우리는 쉽게 이해할 수 없었던 에메렌츠의 성격적 모순을 단박에 이해하고 왠지 모를 부끄러움에 고개를 숙이고 만다. 타인의 삶을 들여다보고 그 거친 단면을 이리저리 만져보고 파악하면서 동시에 자신의 어떤 면을 엿볼 수 있게 하는 게 소설이 하는 일이라면, 《도어》의 문은 소설을 여는 첫 페이지 혹은 표지의 다른 이름이 아닐까. 우리는 소설의(타인의) 문을 열고 들어가 인물을(진실을) 만난다. 문 너머에서 이루어진 화자와 에메렌츠의 만남은 바로 그러한 접촉의 은유이기도 하다.

타인에서 타인으로 이어지는 보살핌

1935년생 미쉬카는 요양병원에서 삶의 최후를 기다린다. 그의 곁에는 오랜 이웃이었던 젊은 여성 마리와 언어치료사 제롬이 있다. 마리와의 인연은 수십 년 전 어린 마리와 마리의 젊은 엄마가 미쉬카의 윗집에 이사를 오면서 시작되었다. 조울증을 앓는 마리의 엄마는 집 안의 모든 문을 닫아걸고 온종일 침대 밖으로 나오지 않았고, 마리는 돌봄의 사각지대에 홀로 방치되곤 했다. 그런 마리에게 돌봄의 손길을 내민 사람이 미쉬카다. 평생 혼자 살며 아무도, 아무것도 필요하지 않다고 생각했던 미쉬카는 '살면서 처음으로 다른 누군가를 관심을 가지고 보살피는' 경험을 했고, 이것이 '모든 것을 바꾸는' 계기가 되었음을 깨닫는다. "사면서* 처음으로 다른 누군가를 관심을 가지고 보살폈어. 나 말고 다른 사람 말이야. 그게 모든 것을 바꾸더라, 알겠니, 마리야. 다른 사람 때문에 두려울 수 있어, 자기가 아닌 다른 사람 때문에. 그래도 그건 정말 큰 행운이란다."**

이제 미쉬카가 노화로 집에 혼자 있을 수 없게 되어 요양병원에 입원하자 마리가 주기적인 면회를 통해 기꺼이 미쉬

---

* '살면서'의 오타가 아니라 언어장애를 앓고 있는 미쉬카의 어눌한 발음을 그대로 표기한 것이다.
** 델핀 드 비강, 《고마운 마음》(윤석헌 옮김, 레모, 2020), 89쪽.

카의 곁을 지킨다. 마리의 행동은 어린 시절 받은 보살핌을 노년의 미쉬카에게 돌려주려는 '되갚음'으로 보이지만, 모든 돌봄이 그러하듯 돌봄의 주체는 돌봄의 대상에게서 자신의 과거 혹은 미래를 발견하고 정서적 보살핌을 받기도 한다.

잡지사와 신문사에서 교정교열자로 일하며 평생 언어를 다뤄왔던 미쉬카는 빠른 속도로 언어를 잃어가는데, 언어치료사 제롬은 주말마다 미쉬카를 찾아와 그 상실의 속도를 조금이라도 늦추고자 분투한다. "말들은 상처를 입혀요. 욕설, 모욕, 비난, 빈정거림, 질책은 흔적으로 남아요. 지워지지 않아요." 소설 속 문장처럼 언어는 상처를 가하는 무기가 되기도 하지만 다정한 마음, 고마운 마음을 전달하는 그릇이 되기도 한다. 미쉬카는 언어치료보다 제롬과의 사적인 대화를 원하고, 그 과정에서 제롬이 어린 시절 아버지에게 받았던 상처를 보듬어주려고 애쓴다. 두 사람의 대화는 간혹 어긋나는 것처럼 보이고 미쉬카의 어휘는 빠른 속도로 망가지며 허술해지는 것 같지만, 마침내 미쉬카가 제롬의 이름을 기억하고 어눌한 발음으로 '거마워요'라고 말할 때 우리는 언어의 본질이 자음과 모음의 형식적 구성에 있지만은 않다는 사실을 통렬하게 깨닫는다.

미쉬카와 마리, 미쉬카와 제롬의 관계는 얼핏 서로 보살핌을 주고받고 다정하고 고마운 마음을 갖는 '쌍방향' 관계로 보인다. 그러나 소설 속 돌봄의 출발점으로 보이는 미쉬카에게도 대가 없이 보살핌을 받은 경험이 있다. 2차 세계대전 당시 유대인이었던 어린 미쉬카를 몰래 숨겨주고 삼 년이나 보살펴준 부부가 있었던 것. 성도 모르고 이름만 겨우 기억하는 그 부부를 찾아 고마움을 전하는 것이 노년의 미쉬카에게 남은 마지막 과제이자 소망이다. 이렇듯 어린 미쉬카부터 노년의 미쉬카까지 이어지는 삶의 궤적을 훑어보면 돌봄의 흐름은 쌍방향 주고받기가 아니라 타인에서 또 다른 타인으로 이어지는 순환 관계임을 알 수 있다. 처음 두 사람이 맞잡았던 손이 세 사람, 네 사람의 손으로 확장되며 함께 이룬 원의 크기가 점점 커지고, 그 원 안에 품을 수 있는 돌봄 대상의 수 역시 함께 커지는 것이야말로 순환하는 돌봄의 본질적 효과가 아닐까. 그러므로 누군가에게 보살핌을 받는 일은 더할 나위 없이 다행한 일이겠지만, 미쉬카가 처음 마리를 만났을 때처럼 보살핌을 제공하는 경험 역시 '정말 큰 행운'이라고 말할 수 있지 않을까.

《고마운 마음》은 《충실한 마음》에 이은 델핀 드 비강의 '인간관계에 대한 짧은 소설 시리즈' 두 번째 책이다. 《충실한 마음》이 상처 입은 열두 살 아이 테오와 마티스의 '이상'을 눈치챈 어른들이 어둠 속으로 손을 내밀어 결국 자신의 어린 시절까지 구원하는 이야기라면, 《고마운 마음》은 실어증으로 고통받는 80대 노인을 보살피는 두 사람이 노인과의 교감을 통해 자신의 어린 시절 상처를 어루만지고 나아가 자신의 미래까지 다짐하게 되는 '돌봄의 순환' 이야기다.

델핀 드 비강은 1966년 파리 근교 불로뉴 비앙쿠르에서 태어났다. 2001년 루 델비그라는 필명으로 거식증 체험을 담은 자전적 소설《배고픔 없는 날들》을 발표했고, 2005년 실명으로《귀여운 남자들》을 출간했으며, 2007년《길 위의 소녀》가 세계적인 성공을 거두며 전업작가의 길에 들어선다. 2011년 어머니의 자살을 목격하고 어머니에 관해 쓰기 시작한《거역할 수 없는 밤》으로 대중과 평단의 찬사를 동시에 받고, 2015년《실화를 바탕으로》로 르노도상을 수상하며 동시대 프랑스 최고 작가 반열에 오른다.

델핀 드 비강의 작품에는 대체로 학대나 방치, 폭력 등으로 상처 입은 어린아이가 등장한다. 이 상처는 현재진행형이기도 하고 과거의 흉터로 남아 어른이 된 현재의 나에게까지 영향을 미친다. 소설 속 언어치료사 제롬의 말처럼 어린 시절의 상처는 지워지지 않는다. 그러나 무조건 현재의 나를 집어삼키고 심연으로 가라앉지만도 않는다. 행운처럼 이 상처를 향해 손을 내미는 사람이 존재한다. 심지어 상처를 입어봤던 이가 상처를 입은 이를 알아보고 구원의 손길을 내밀며 결국 자신의 상처까지도 어루만지는 순환을 이룬다. 부서지기 쉽고 다치기 쉬운 현대인의 고독과 상처를 예리하게 들추어 보여주면서 동시에 따뜻한 시선을 잃지 않는 것. 타인을 돌보는 마음이 자신을 구원하는 기적으로 돌아올 수도 있음을 말하는 것. 그것이 바로 델핀 드 비강의 소설이 지닌 어둠 끝을 향한 낙관이다.

*

영국의 사회단체 더 케어 컬렉티브가 쓴 《돌봄 선언》은 돌봄을 '사회적 역량이자, 복지와 번영하는 삶에 필요한 모든 것을 보살피는 사회적 활동'으로 규정하고 '돌봄을 중심에 놓는다는 것은 우리의 상호의존성을 인지하고 포용하는 것'이라고 선언한다. 돌봄의 영역에서 벗어나 홀로 생존할 수 있는 인간은 없다. 돌봄은 포괄적이다. 돌봄은 강 건너 남의 일이 아니다. 그러나 코로나바이러스 팬데믹이 전 세계를 휩쓸기 전까지 우리에게 돌봄은 '남의 일'이었다. 세계적인 재앙은 눈 깜짝할 새에 다가와 병원, 요양 시설, 장애인 거주 시설, 교정 시설부터 각종 교육기관과 보육 시설까지 이 사회의 대다수 영역이 돌봄을 기본 축으로 돌아가고 있었음을 서늘하게 보여주었다. 그 축이 흔들리면서 수많은 아동, 청소년, 노인, 환자, 빈곤 계층이 돌봄의 사각지대로 밀려나는 모습이야말로 재앙의 살벌한 후폭풍이다. 코로나바이러스뿐만 아니라 기후 위기가 불러온 또 다른 환경 재앙 역시 사회의 가장 약한 축부터 치고 들어오기 시작했다.

재난은 무분별하게 찾아오지만 그 어느 것보다 정치적

이고 계급적이다. 재난이 드러낸 돌봄의 위기 역시 정치적이고 계급적인 현실을 보여준다. 돌봄 종사자들에게 가장 의존하는 사람들은 부유층이며, 빈곤층이 주로 떠맡는 돌봄노동은 대표적인 저임금노동이고, 가족 안에서 이루어지는 돌봄노동은 아예 무임금이다. 게다가 돌봄노동만큼 성차별이 공고한 영역도 없을 것이다. 돌봄은 여성의 일로 취급되어왔고 여성의 일이라서 평가절하되어왔다. (《도어》의 에메렌츠는 피고용인이면서 고용인에게 자기 위주의 조건을 제시하고 일할 곳을 스스로 결정한다는 이유만으로 문학사상 가장 독특한 가사노동자 캐릭터에 등극했다.)

이토록 돌봄노동 자체가 신자유주의의 논리에 의해 멸시와 착취를 당하는 시대에 돌봄 제공자와 수혜자 모두 만족스러운 돌봄의 체계를 마련하는 일은 이상향처럼 요원해 보이기도 한다. 그 거대한 인프라들을 생각하면 개인 차원에서 할 수 있는 일이 전혀 없는 것처럼 느껴지기도 한다. 《고마운 마음》의 인물들처럼 돌봄이 오직 개인과 이웃의 '고마운 마음'에만 기대야 한다면 얼마나 취약한가. 그러나 미약하기 짝이 없는 대안으로 보이는 돌봄의 모습들을 문학작품에 담아내는 일은 사실 미약한 행동이 아니다. 나는 도리스 레싱의 《다섯째 아이》에서 모성의 공포를 접했고, 토니 모리슨의 《빌러비드》에서 흑인 여성에게 강요된 '죽임으로써 돌보는' 참담한 모성을 목격했다. 레일라 슬리마니의 《달콤한 노래》에서 아이를 돌보는 손이 거머쥘 수 있는 다양한 욕망의 모습을 보고 경악했다. '영 케어러' 조기현의 《아빠의 아빠가 됐다》와 《새파란 돌봄》을 읽으면서 삶과 질병과 죽음의 경계가 얼마나 얄팍한지 그 위태로움을 피부로 느끼고 '돌봄이 삶이 되고 삶이 돌봄이 되는 가족과 국가'의 요원한 모습을 간절히 소망해보기도 했다.

    돌봄은 위에서 아래로 흐르는 시혜가 아니다. 아래에서 위로 치받고 올라가는 버거운 저항이어서도 안 된다. 당연하게 서로 의존해야 하고 의존한 '덩어리'로 자립해야 한다. 돌봄을 경시하는 태도는 모든 것을 자본의 논리에 내맡기는 살벌한 정글 수준으로 문명을 퇴보시키겠다는 것과 같다. 돌봄은 모든 인간의 존재 조건이어야 한다. 그 당연한 전제를 이야기하는 글을 읽고 쓰고 알리는 것부터 출발점으로 삼을 수 있을 것이다. 그 미약한 시작이 커다란 원을 만들어 활기차게 순환할 때까지.

희생양은 우연히 만들어지지 않는다

《콜카타의 세 사람》 메가 마줌다르
이수영 옮김, 북하우스, 2021

《유령의 벽》 세라 모스
이지예 옮김, 프시케의숲, 2021

한 여자를 괴물로 만들기는 얼마나 쉬운가

지반, 러블리, 체육 선생, 콜카타의 세 사람은 어느 날 빈민가에서 일어난 열차 테러 사건에 휘말려 삶이 크게 휘청인다. 그저 중산층이 되고 싶어 판매원으로 열심히 일하는 젊은 무슬림 여성 지반은 사고 현장을 목격하고 SNS 계정에 '나 같은 사람은 생각조차 해서는 안 되는 위험한 말'을 쓰고 만다. "경찰이 우리 같은 평범한 사람들을 돕지 않는다면, 정부 역시 테러리스트라는 뜻 아닌가요?" 며칠 후 지반은 '테러리스트'로 지목되어 경찰에 체포된다. 러블리는 트랜스 여성 '히즈라'로 구걸과 다름없는 행위로 생계를 유지하고 일상적인 배척과 차별 속에서도 연기 수업을 받으며 영화배우의 꿈을 키워나간다. 러블리는 연기에 필요할 것 같아 빈민가에서 유일하게 영어를 할 줄 아는 지반에게 영어를 배워왔다. 지반이 다녔던 여학교의 체육 선생은 지반의 기소 소식을 듣고 한때 체육에 소질을 보여 내심 장래를 기대했고 가끔 자신의 도시락을 나눠주기도 한 '자선 대상 학생' 지반을 기억한다. 그러나 지반이 가정 형편 때문에 말도 없이 학교를 그만둔 일에 대해서는 내심 무례한 행위로 여기고 있다. 느슨하게 이어졌던 세 사람은 열차 테러 사건에 연루되면서 각자의 삶을 걸어야 하는 극한의 상황에 휘말린다.

여자 감옥에 갇힌 지반은 절박하게 자신의 무죄를 호소하지만, 지반의 무죄를 믿는 사람들은 힘이 없고 힘이 있는 사람들은 지반을 믿지 않는다. 지반은 오직 여자라는 이유로 징벌을 당하는 불합리한 장면을 여자 감옥에 갇힌 자신과 다른 수감자들에게서 목격한다.

진실을 밝혀줄 거라 기대했던 기자는 지반의 진술을 교묘하게 짜깁기해 오히려 진실을 호도하는 기사를 쓰고 여론은 점점 지반에게 불리한 방향으로 휘몰아친다. 심지어 체육 선생마저 법정에 출두해 지반이 테러에 연루되었을 수도 있다고 증언하고 지반은 결국 사형선고를 받기에 이른다. 이 소식에 충격을 받은 러블리는 자신만이 지반의 사형을 막을 수 있다는 생각에 대중을 향해 지반의 무죄를 호소한다. 그러나 러블리의 증언을 향한 대중의 관심은 러블리의 연기 동영상으로 옮겨가고 하루아침에 러블리를 스타로 만들어버린다. 이제 러블리는 지반을 향한 우정과 오래된 꿈의 실현 사이에서 갈등한다.

체육 선생은 국민복지당 대표의 눈에 들어 마을 집회의 연사로 활동하고 선거에서 승리한 당이 다수석을 확보하자 교육부 수석 자리에 오른다. 사형선고로부터 목숨을 지켜야 하는 절박한 지반, 지반을 향한 연민과 우애로 가득하지만 오래도록 꿈꿔왔던 영화배우의 꿈 앞에서 갈등하는 러블리, 평범한 소시민에서 정치계의 거물로 급변한 체육 선생, 콜카타의 세 사람은 순식간에 뒤바뀐 운명 앞에서 각자의 선택을 해야 한다.

 빠른 속도로 전개되는 소설 안에서 실제로 지반의 명줄을 쥐고 흔드는 사람은 러블리도 체육 선생도 아니다. 검사도 변호사도, 기자도 유력 정치인도 아니다. 그 주체는 다름 아닌 '대중' 혹은 '여론'이다. 그러나 그 여론은 러블리나 체육 선생, 검사나 변호사, 기자나 유력 정치인과 전혀 무관하지 않다. 여론은 이들의 욕망을 먹고 무럭무럭 자라고 욕망의 향방에 따라 진로를 바꾸는 태풍이 되어 가장 약한 개인을 친다. 소설 속에서 그 대상은 종교, 계급, 젠더의 측면에서 가장 약한 소수자인 빈민가의 젊은 무슬림 여성 지반이다.

 메가 마줌다르는 1987/1988년 인도 콜카타에서 태어났고 2006년 미국으로 건너가 하버드대학교에서 사회인류학 학사 학위를, 존스홉킨스대학교에서 인류학 석사 학위를 받았다. 2020년 데뷔작 《콜카타의 세 사람》은 출간과 동시에 베스트셀러에 올랐고, "주변부를 살아가는 사람들의 희망과 공포에 주목하면서 광대한 시선으로 소란스러운 사회의 면면을 예리하게 포착하는 능력을 보여주었다"라는 《워싱턴 포스트》의 평가를 비롯한 수많은 언론의 압도적인 찬사를 받았다. 《타임스》의 리뷰처럼 《콜카타의 세 사람》은 "한 여자를 괴물로 만들고 공동체를 침묵시키는 것은 얼마나 쉬운가"를 말하는 소설이면서 작가의 어느 인터뷰 구절처럼 "책에서 던진 질문들이 인도에 국한된 것으로 보이지 않고 독자들이 동시대 미국에 관해서도 생각할 수 있게 하는" 소설이다. 마줌다르의 스타일은 줌파 라히리와 비교되기도 하고 '21세기 찰스 디킨스' '포크너에 버금가는 작가'로 불리기도 하지만, 이 혜성처럼 등장한 신인에게 선배들의 그림자를 무겁게 씌우기보다는 그만의 독자적인 스타일과 문장이 자연스럽게 전해져올 때까지 참을성 있게 기다리는 것이 독자로서 우리의 의무일지도 모르겠다.

모든 죄를 뒤집어씌우기 위하여

20세기가 끝나갈 무렵 어느 더운 여름, 잉글랜드 북부 습지대에 이천 년 전 철기시대의 생활을 재연하는 캠프가 열린다. 소설 《유령의 벽》 화자인 열일곱 살 실비와 그의 부모, '체험 고고학' 수업을 듣는 대학생 셋과 지도교수까지 일곱 명의 캠프 참가자는 튜닉을 입고 모카신을 신고 들판과 습지를 다니며 토끼를 사냥하고 야생 식용식물을 채취해 먹을 것을 마련한다. 그 시대의 생활이란 곧 생존을 의미하고 생존은 끊임없이 무언가를 죽여야만 가능하다. 실비는 맨손으로 야생 우엉을 파내면서 '우엉을 죽이면서 토끼 내장을 제거할 때보다 더 큰 죄책감을' 느끼고 '삶이란 전부

해를 끼치는 것'이며 '우리는 죽임으로써 사는' 존재임을 깨닫는다. 고대의 생활은 당연히 불편을 전제로 하지만 그 불편은 만인에게 공평하지 않다. 여자들은 배설과 목욕 등 기본적인 일조차 누구의 눈에 띄지 않게 처리해야 한다. 실비는 개울에서 속옷을 벗고 목욕하다가 아버지의 눈에 띄는 바람에 행실이 나쁘다는 이유로 숲속에서 가죽 벨트로 매질을 당한다. 그러나 엄마는 매를 맞고 돌아온 실비를 보호하기보다 "아버지 심기 좀 건드리지 말아라"는 말로 무기력하게 아버지의 폭력을 정당화한다.

잉글랜드 북부는 한때 영국의 산업혁명을 이끌며 광산업으로 호황을 누렸지만, 지금은 쇠락한 지역이다. 실비의 아버지는 강인한 육체노동으로 증명되곤 했던 남성 가부장의 권력과 영화를 되찾고자 하는 바람을 '순수 혈통의 고대 영국인 원형'을 찾는 데 몰두하는 것으로 해소한다. 순혈주의의 추구는 타자의 배척을 동반하므로 평소 아내와 딸을 상대로 가부장의 권력과 폭력을 맘껏 휘둘렀던 실비의 아버지는 선사시대를 고스란히 재연한다는 명목으로 폭력의 수위를 높인다. 실비는 어느새 그런 폭력과 학대에 점점 익숙해지고 어머니도 '인생이 다 그렇지'라는 말로 학대당하는 딸을 외면한다. 아버지는 습지대에서 발견되곤 하는 미라에 관한 자신의 가설을 검증하고자 인간을 희생양으로 바쳤던 고대의 주술 의식을 재연하기에 이른다. 물론 그가 염두에

둔 희생양은 자신의 딸 실비다.

'유령의 벽'은 잉글랜드 북부의 어느 부족이 로마군에 저항하기 위해 선조의 유해를 매달아 전시했던 벽을 말한다. 군사상 실용적인 목적보다 내부 결속과 외부 적을 향한 대항의 의미가 더 컸을 이 벽은 오늘날 브렉시트나 트럼프 전 미국 대통령이 멕시코와의 국경에 세우겠다고 공표했던 벽을 떠올리게 하기도 한다. 캠프가 진행되는 동안 주도권과 권위를 다투며 갈등했던 아버지와 슬레이드 교수는 유령의 벽을 재연하는 일에 의기투합하고 다른 이들은 실비를 희생양으로 세우는 광기 어린 행위를 옆에서 거들거나 모른 척한다.

이 일의 불합리함을 지적하고 실비를 구하려고 나서는 유일한 사람은 또 다른 젊은 여성 몰리다. 몰리는 캠프가 진행되는 내내 솔직한 발언과 거침없는 일탈 행동으로 실비 아버지에게 미움을 받는 인물이기도 하다. 몰리는 문명의 이기를 이용하고자 몰래 캠프 밖으로 빠져나가 상점가로 향하기도 하지만, 사실 소설 속에서 가장 문명에 가까운 모습은 타인의 고통을 외면하지 않고 기꺼이 구조의 손길을 내미는 몰리의 행동이다.

세라 모스는 1975년 스코틀랜드 글래스고에서 태어나 영국 북부 맨체스터에서 성장했다. 옥스퍼드대학교에서 영문학을 공부하고 박사 학위를 받았으며, 현재 더블린대학교에서 문예 창작을 가르치고 있다. 《유령의 벽》은 세라 모스의 여섯 번째 소설로 《타임스》《가디언》《퍼블리셔스 위클리》 등 다수의 매체에서 '올해 최고의 책'으로 선정되었고, 영국왕립문학협회의 온다체상, 여성소설상 후보에도 올랐다. 작가가 천착한 '습지 미라'는 죽었지만 죽지 않은 채 이천 년을 살아온 존재로 가부장제의 불합리한 폭력에 희생당한 '희생 제물'로 박제된 어린 여성이라는 측면에서 주인공 실비와 겹쳐진다. 야만과 폭력이 이천 년 만에 부활한 소설 속 공간은 아름다우면서 동시에 으스스한 공포가 조용히 일렁인다. 고대와 현대가 겹쳐지는 이 공간에서 폭력의 대상은 어김없이 가장 힘없는 어린 여성이다. 그러나 작가는 이와 같은 광기와 폭력을 지나치게 가학적이거나 선정적으로 그리지 않는다. 무엇보다 소설은 실비의 일인칭 시점으로 진술된다. 우리는 소설이 진행되는 동안 실비의 무력감뿐만 아니라 각성과 저항까지도 읽어내고, 실비와 몰리의 대화를 통해 고대 권력과 영광의 재현이라는 남자들의 목표와 행위가 얼마나 허울뿐인 놀이인지 똑똑히 목격한다. 그러므로 습지 미라와 실비는 작가가 처음 소설 제목으로 생각했다는 '희생양'에 그치지 않고 역사와 폭력의 목격자이자 증언자로 자리매김한다.

*

 희생양은 '제물로 바치는 속죄의 염소'라는 뜻으로, 고대 이스라엘인들이 속죄일에 염소를 제물로 바친 의식에서 유래했다. 숫염소를 잡아 그 피를 속죄 판 곳곳에 뿌리고 염소 머리에 손을 얹은 다음 이스라엘인들의 모든 죄를 고백해 염소 머리에 씌우고 염소를 다시 광야로 내보냈다. 그러면 자신들의 죄가 모두 황야로 날아간다고 믿었다. 이렇게 인류 사회의 역사만큼이나 오래된 희생양의 개념을 신화학자 제임스 조지 프레이저는 "우리 죄와 고통을 다른 어떤 존재에게 떠넘겨 우리 대신 감당할 수 있다고 생각한 미개인에게 익숙한 사고방식"이라고 정의했다. 인간은 재앙에서 벗어나기 위해 다른 물체나 동물, 심지어 다른 인간에게 재앙을 옮겨왔다. 오늘날 희생양의 지목은 진짜 잘못을 저지른 대상을 잊게 하려는 의도를 지닌다. 중세의 마녀사냥, 나치의 유대인 학살, 관동 대지진 당시 조선인 학살은 모두 진정한 가해자와 문제의 원인을 가리기 위한 희생양의 대표적인 예다. 그만큼 희생양은 당대에 가장 취약한 계층, 인종, 민족, 성별을 골라 활용된다.
 《콜카타의 세 사람》에서 계급, 종교, 민족, 젠더의 모든 측면에서 최약자는 지반이다. 인도의 정치 경제적 혼란과 불안은 절대 자기 잘못을 인정하지 않고 오직 모든 죄를 '테러리스트' 지반에게 뒤집어씌운다. 지반은 오직 가난하고 어린 무슬림 여성이라는 이유로 억울하게 희생당한다.《유령의 벽》의 아버지는 잉글랜드 북부 산업지대의 쇠락을 가부장 권위의 추락과 동일시하며 과거의 영광을 찾는 일에 골몰한다. 그러나 그는 쇠락의 진정한 원인에는 관심이 없다. 오직 처음부터 자신의 억압 아래 놓여 있었던 아내와 어린 딸을 더욱 억누르고 학대하면서 거짓 권위를 쥐어짜는 데서 일그러진 희열을 느낄 뿐이다. 이렇게 누구보다 적극적인 가해자이면서 피해자보다 억울함을 느끼는 비틀린 자의식이 가장 열정적으로 희생양을 찾아다닌다. 그리고 희생양은 당연히 가장 약한 자, 가장 '만만한' 자다. 아버지가 자신의 딸 실비를 희생양으로 세우고 고대의 주술 의식을 재연하는 것은 서사의 당연한 귀결이고, 고대에나 현대에나 여전히 어린 여성이 희생양으로 지목된다는 사실은 남성 가부장과 여성 사이의 권력관계가 아직도 크게 기울어 있다는 증거다. 어떤 희생 제물도 우연에 의해 만들어지지 않는다. 그 시대의 가장 정확한 약자이자 소수자가 희생양이 되어 모든 죄를 뒤집어쓰고 황야로 쫓겨난다. 그러므로 여성은 최후의 식민지라는 말은 안타깝게도 여전히 낡지 않았다.

전복의 목적

《세상의 아내》 캐롤 앤 더피
김준환 옮김, 봄날의책, 2019

《먹을 수 있는 여자》 마거릿 애트우드
이은선 옮김, 은행나무, 2020

《그녀의 몸과 타인들의 파티》 카먼 마리아 마차도
엄일녀 옮김, 문학동네, 2021

'그렇지 않으면 어떻게 될 것인가'를 향한 질문

빨간 모자는 제 손에 도끼를 들고 할머니를 집어삼킨 늑대를 '음낭에서 목구멍까지' 한 번에 내리친다. 헤롯 왕비는 딸을 낳고 '어떤 남자든 내 딸이 눈물 한 방울도 흘리지 못하게 하리라'고 맹세하며 "여기서 동쪽으로 가 모든 어머니의 아들을 다 죽여라"라고 명령한다. 손대는 것마다 황금으로 바꾸어버리는 미다스의 부인은 남편을 숲속 빈터의 이동식 주택에 데려다 놓고 말한다. "지금 나를 짜증 나게 하는 건 (남편 미다스의) 멍청한 짓거리나 탐욕이 아니라 별로 나를 생각하지 않았다는 것, 순전한 이기심"이라고. 《종의 기원》이 발표되기 7년 전, 다윈 부인은 동물원에 함께 간 다윈에게 말한다. "저기 있는 저 침팬지, 뭔가 자기를 생각나게 하네." 악마에게 영혼을 팔아치운 것으로 유명한 파우스트의 부인은 남편의 비밀을 폭로한다. "영민하고, 약삭빠르고, 냉담하던 그 개자식에겐 애당초 팔 만한 영혼이 없었다는 것." 현실의 여성들을 지독히 혐오해 자신의 조각상을 사랑하게 된 피그말리온의 신부는 남편에게 '아이를 낳고 싶다 구걸'하고 '절정에 이르러 목이 터져라 비명을 질러'댐으로써 남편 피그말리온을 쫓아내는 데 성공한다. 하늘을 날다 추락해 비극적인 최후를 맞은 이카로스의 부인은 "자신이 결혼한 남자가 전적으로, 철저하게, 절대적으로, 최상급

멍청이임을 그 스스로 세상에 입증하는 것을 작은 언덕 위에 올라서서 지켜본 처음 여자도 마지막 여자도 아니야"라고 일갈한다. 에우리디케는 자신을 데리러 지옥까지 찾아온 남편 오르페우스와 함께 지상으로 돌아가고 싶지 않아서 일부러 뒤를 돌아보게 만들어 오르페우스와 헤어진다. 에우리디케가 남편을 향해 손을 뻗으며 마지막으로 남긴 말은 "제발 나를 그냥 여기 있게 해줘."

이는 오랫동안 왜곡되었고 오해받았던 여성들의 목소리다. 한 번도 인정받아본 적이 없는 메두사의 목소리다.

> 신부인 나의 숨결은 시큼했고,
> 내 폐의 잿빛 자루에서 악취를 풍겼어.
> 나는 더러운 입, 더러운 혀
> 누런 독니를 가지고 있지.
> 내 눈엔 총알 눈물이 있지.
> 너 두려워?*

영국 최초의 여성, 최초의 스코틀랜드 노동계급 출신, 최초의 동성/양성애자 홀보듬맘 계관 시인 캐롤 앤 더피(1955-)는 온 세계가 다 아는 남성 인물들 — 실존 인물과

---

* 캐롤 앤 더피, 〈메두사〉, 《세상의 아내》(김준환 옮김, 봄날의책, 2019), 105쪽.

신화 속 인물 모두 — 의 목소리에 가려져 그 존재조차 상상하기 어려웠던 여성 인물들의 목소리로 시집 한 권을 묶어 냈다. 여성들의 음경 선망을 주장한 프로이트의 아내는 남편의 이론을 어떻게 생각했을까? 교훈을 담은 우화의 창조에 집착했던 이솝의 아내는 그런 남편에 대해 뭐라고 말했을까? 아름다운 여자를 사랑한 킹콩 말고 작은 남자 애인을 사랑한 퀸콩이 있었다면 어땠을까? 매혹적인 집시 여인을 사랑한 '노트르담의 꼽추' 콰지모도의 부인은 어떤 심경이었을까?

> 주님의 딸들과 신부들이여,
> 그래서 내가 지금 그대들에게 말하노니
> 내가 느끼기에 하느님의 권능에
>
> 가장 가까이 있었던 것은
> 남자나 교황이 아닌
> 나의 기적 속에서
>
> 내가 길에 누운 채
> 내 다리 사이에서
> 내 아기가 밀려 나올 때

나를 들어 올렸다가, 아래로 내던지고
들어 올렸다가, 아래로 내던지던
어느 손의 촉감이었답니다.*

교황 요안나는 중세 유럽에서 교황 레오 4세와 베네딕토 3세 사이에 재위했다고(재위 기간 855-857) 여겨지는 전설의 여성 교황이다. 남장을 한 채 자신의 재능으로 성직자의 계급을 차근차근 올라가 교황으로 선출되지만, 어느 날 행차 도중 길에서 아기를 출산하면서 성별이 밝혀지게 된다. 위 시는 교황직에서 물러나게 된 원인이 되었던 출산의 순간이야말로 오히려 하느님과 가장 가까이한 시간이었다고 술회하는 요안나의 말로 이루어져 있다.

시인은 거침없는 상상력과 기이한 발상으로 때론 유쾌하게 때론 신랄하게 오랫동안 가려졌던 여성들의 목소리에 생기를 불어넣는다. 이들의 목소리는 결코 나긋나긋하지 않다. 우아하지도 고결하지도 않다. 적나라한 욕설과 비속어, 외설적인 표현 등을 검열 없이 담아낸 이들의 목소리는 지독히 현실적이고 진실에 가깝다. 여성이라면 한 번쯤 입 밖에 내보았거나 혹은 내보고 싶어 했던 말들이 시어가 되고 활자가 되었다. 그리고 맨 마지막 시로 저승의 신 하데스에

* 캐롤 앤 더피, 〈교황 요안나〉, 《세상의 아내》(김준환 옮김, 봄날의책, 2019), 169쪽.

게 딸을 납치당하고 분노로 세상을 영원한 겨울로 만들어버린 곡물과 풍요의 여신 데메테르의 목소리를 배치함으로써 다가오는 세대의 딸들을 봄으로 맞이하는 어머니 세대의 각오와 희망을 노래한다.

> 그녀가 온 길이 멀고 멀었지만,
> 마침내 나는 그녀,
> 내 딸, 내 아이가,
> 들판을 가로질러
>
> 맨발로, 온갖 봄꽃을 어머니인 나의 집으로
> 몰아오는 걸 보았어. 맹세하건대,
> 그녀가 움직이자 대기는 부드러워지며 따뜻해졌고,
>
> 푸른 하늘은, 때맞춰,
> 수줍어하는 초승달의 작은 입으로 미소 지었어.*

질주와도 같은 시인의 언어를 읽어 내려가면 독자들의 상상력도 함께 자극된다. 한국의 독자들이라면 어느새 〈황조가〉의 대상이었던 유리왕의 아내는 실제로 어떤 기분이

---

* 캐롤 앤 더피, 〈데메테르〉, 《세상의 아내》(김준환 옮김, 봄날의책, 2019), 185쪽.

었을지, 왕건의 열두 번째 아내는 행복했을지, 계백의 칼날을 받은 그의 부인은 어떤 최후의 한마디를 남겼을지 궁금해질지도 모르겠다. 페미니스트 시인 에이드리언 리치는 "시는 주어진 것에 대한 안주가 아니라 그렇지 않으면 어떻게 될 것인가를 향한 질문이다"라고 말했다. 그렇지 않으면 어떻게 될 것인가? 남성의 목소리가 아닌 여성의 목소리였다면 어땠을까? 캐롤 앤 더피의 《세상의 아내》는 이런 리치의 시론을 향한 가장 그럴듯한 대답이다.

삼킬 수 없는 것

최근 대학을 졸업하고 설문조사 회사에서 일하는 메리언은 여성 일반을 약탈자로 간주하고 결혼을 혐오하는 남자친구 피터와의 관계가 늘 조심스럽다. 변덕이 심한 메리언의 룸메이트 에인슬리는 전통적인 결혼은 거부하지만, '여성성'의 완성을 위해 임신과 출산의 경험을 원하며, 좋은 유전자를 찾아 메리언의 친구 렌을 유혹해 임신할 계획을 세운다. 메리언의 대학 친구 클래라는 재학 중에 결혼해 벌써 두 아이의 엄마가 되었고 셋째를 임신 중이다. 정신없이 어질러진 클래라와 조 부부의 집은 결혼이라는 태풍을 직격탄으로 맞은 쑥대밭을 연상시킨다. 메리언은 결혼과 출산에 관해 생각이 전부 다르고 실제로 다른 삶을 살아가는 남자친구와 룸메이트, 클래라 사이에서 결혼과 임신, 여성으로서 정체성 문제를 고민한다.

어느 날 남자친구 피터가 청혼하면서 메리언의 식이장애가 시작된다. 피터의 청혼을 은근히 기대하고 있던 메리언은 막상 결혼이 구체화되자 삼킬 수 없는 음식이 점점 늘어간다. 메리언은 주위 사람들에게 이런 자신이 정상인지 끊임없이 물어보는데, 룸메이트 에인슬리는 "정상적인 거랑 평범한 거는 달라. 세상에 정상적인 사람은 없어"라고, 친구 클래라는 "거의 비정상에 가까울 정도로 정상"이라고, 약혼자 피터는 "내 일천한 경험을 근거로 평가하건대 당신은 놀랍도록 정상이야"라고 대답한다. 흥미롭게도, 세상에 정상적인 사람은 없다고 단언했던 에인슬리는 계획 임신에 성공한 후 아이가 집에서 든든한 아버지상을 주입받지 못하면 '정상인' 기분이 들 수 없고 동성애자로 자랄 게 분명하다는 임산부 교실 강연을 듣고 와서 배 속 아이에게 '정상적인 가족'을 만들어주어야 한다는 공포와 압박감에 시달린다. 이렇듯 정상에 대한 강박, 정상 가족 이데올로기의 압박은 소설 속 모든 인물의 발목을 잡는다.

결혼식이 가까워질수록 메리언의 음식 거부 증상은 점점 심해지고 그에 따라 일탈 행동도 늘어간다. 메리언은 방문 설문조사 중 만난 영문과 대학원생 덩컨과 다소 기이한 만남을 이어가는데, 그는 메리언의 불안과 강박을 이해하는 듯 보이지만 그 와중에도 메리언은 유약하고 의존적인 덩컨을 향해 '내면의 간호사'를 끄집어내 그를 보살펴야 한다는 의무감을 느낀다.

결혼식 직전 약혼자가 주최한 마지막 파티에서 메리언은 최고조로 치닫는 두려움을 이기지 못하고 파티장에서 도망치고, 집에 돌아와 케이크를 굽는다. 생생한 여성의 몸 모양을 한 케이크를 공들여 완성하고 메리언은 말한다. "아주 먹음직스러워 보여. 너는 결국 먹히게 될 거야. 음식의 운명이 그렇거든." 메리언은 여자 모양 케이크를 약혼자 피터에게 내밀고 피터는 당황스러워하며 음식을 사양하고 금세 자리를 떠난다.

《먹을 수 있는 여자》는 《시녀 이야기》와 《증언들》 등으로 페미니즘 문학의 거장이 된 마거릿 애트우드(1939-)가 20대 중반에 쓴 첫 장편소설이다. 작가는 제2물결 페미니즘이 본격화되기 직전인 1965년에 완성한 이 소설을 페미니즘이 아닌 프로토페미니즘(protofeminism)* 문학이라 부르기도 했다. 기발한 상상과 풍자, 아이러니와 환상, 은유로 가득한 소설은 결혼을 둘러싼 사회 담론 구조의 부도덕함을 과감하게 드러내고 여성과 음식을 동일시하면서 여성을 마

---

* 페미니즘이라는 용어가 알려지기 전에 전개되었던 페미니즘적 사상이나 활동을 이른다.

치 음식으로 소비하고 마는 세계에 대한 반감과 저항을 메리언의 거식증 설정을 통해 표현한다. 섹슈얼리티, 가족과 직장 내 실질적 불평등, 재생산권을 비롯한 2세대 페미니즘의 담론이 본격적으로 논의되기 전에 집필되었지만 소설 속에 꼼꼼하게 묘사된 현실은 ─ 직장 내 다양한 성차별과 결혼과 출산으로 지워지는 여성의 자의식, 여성을 자신을 돌보는 도우미로 여기거나 성적 도구로 보거나 여신처럼 떠받드는 남성 군상들 ─ 60년 가까이 흐른 지금과 크게 다르지 않다.

여성 그리고 몸

목에 녹색 리본이 달린 여자가 있다. 여자는 자신의 욕망에 솔직해 원하는 남자와 사랑을 나누고, 결혼하고, 아이를 낳고 키우지만, 남편이 자신의 리본에 손을 대는 일만은 절대로 허락하지 않는다. 리본의 정체를 숨기는 이유가 뭐냐고 화를 내는 남편에게 여자는 말한다. "숨기는 게 아냐. 이건 그냥 당신 게 아니라고." 여자의 주변에는 발목에 붉은 리본이 달린 여자도 있고 손가락에 옅은 노란색 리본이 달린 여자도 있다. 여자의 눈에 여자들의 몸 어디엔가 감겨 있는 리본은 풍경처럼 당연해 보이지만, 남편은 여자와 꽤 오랜 시간을 함께했음에도 끝내 리본을 향한 욕망을 포기하지 못한다. 결국 '절대 나쁜 남자가' 아닌 남편이 리본에 손을 대는 순간 두 사람의 관계는 돌이킬 수 없는 파국을 맞는다. (〈예쁜이수술〉)

언젠가부터 여자들의 몸이 점점 투명해지다가 완전히 사라지는 일이 발생한다. 현상은 바이러스처럼 퍼진다. 여자들이 공기처럼 사라지지 않으려면 아름다운 드레스에 자신의 몸을 꿰매는 수밖에 없다. 드레스 가게에서 일하는 '나'는 자기 엄마가 만든 드레스를 가게까지 배달하는 여자 페트라를 만나 사랑에 빠진다. 그러나 어느새 페트라의 몸도 서서히 투명해지고 '나'는 그 모습을 그저 무기력하게 바라볼 수밖에 없다. 어느 날 '나'는 투명한 여자들의 몸을 풀어주려고 드레스의 꿰맨 부분을 가위로 자른다. 풀려난 여자들은 자유를 찾아 떠날까? (〈현실의 여자들은 몸이 있다〉)

위절제수술을 받은 여자가 있다. 여자의 세 언니도 이 수술을 받고 날씬해졌다. 여자는 오래전 어머니처럼 모든 음식을 잘게 잘라 딱 여덟 입만 먹는다. 남은 음식은 쓰레기통에 버리고 행여 다시 주워 먹을까 봐 유리 세정제까지 뿌린다. 여자의 수술을 못마땅해하는 딸은 '엄마가 왜 스스로에게 만족하지 못하는지 이해를 못 하겠다'라고 말하지만, 사실 딸은 '엄마의 예전 몸이랑 똑같이' 생긴 자신의 몸을 엄마가 싫어할까 두렵다. 이렇듯 몸을 둘러싼 자기혐오는 엄마에게서 딸에게로, 또 그 딸에게로 계속 대물림된다. 여자는 스스로 없애버린 '자신의 일부'가 유령처럼 집 안을 배회한다는 사실을 알아챈다. 어릴 때의 딸처럼 보이기도 하는 그것을 발견한 날, 여자는 그것을 마구 발길질하며 지하실에 가둬버린다. (〈여덟 입〉)

《그녀의 몸과 타인들의 파티》에는 SF와 호러, 스릴러, 판타지, 우화, 괴담 등의 영역을 거침없이 교차하는 여덟 편의 소설이 담겨 있다. 그러나 여성의 성적 욕망과 몸의 가변성, 젠더 불평등, 여성 신체의 대상화, 몸에 대한 통제의 욕망과 허상 등의 소재는 작가의 유려한 환상 기법에도 불구하고 지독한 사실성을 획득한다.

카먼 마리아 마차도는 1986년 미국 필라델피아에서 태어나 매우 독실한 연합감리교 가정에서 자랐다. 이런 성장 환경 때문에 한동안 자신의 섹슈얼리티에 관해 죄책감을 느껴야 했다. 그는 2017년 《그녀의 몸과 타인들의 파티》 출간과 함께 장르를 넘나들며 여성의 몸과 욕망을 독창적인 목소리로 이야기했다는 찬사를 받으며 셜리잭슨상, 전미도서비평가협회상, 존레너드상, 바드소설상, 람다문학상, 브루클린공공도서관문학상을 수상했고, 전미도서상과 딜런토머스상 최종 후보에 오르는 기염을 토했다. 《그녀의 몸과 타인들의 파티》는 2018년 《뉴욕 타임스》가 선정한 '새로운 전위'에 이름을 올리며 '21세기에 소설을 읽고 쓰는 길을 만들어가는 여성 작가의 주목할 만한 책 15권' 중 하나로 선정되기도 했다.

소설 곳곳에서 여성의 몸은 욕망하고 욕망당하고, 통제하고 통제당하며, 희미해지다 영영 사라지고, 폭력과 자기혐오의 대상이 된다. 〈여덟 입〉에서 화자의 딸은 "엄마는 내가 싫어?"라고 묻지 않고 "엄마는 내 몸이 싫어?"라고 묻는다. 그러나 화자는 "난 너를 사랑해"라고 대답할 뿐 끝내 '난 너의 몸을 사랑해'라고 말하지 않는다. 소설은 여성의 몸이 겪는 다양한 일과 현상을 그리는 동시에 여성의 몸을 대하는 세계의 방식과 태도를 꼼꼼히 묘사한다. 독창적이고 기괴하며 전복적인 이야기들이 먼 환상의 세계에 머무르지 않고 꽤 가까운 사실성을 획득하는 이유는 그만큼 현실과 세계가 지독하게 비틀려 있다는 뜻이리라. 재미있으면서 불편하고 유머러스하면서도 슬프고 낯설면서 익숙한 이야기들을 다 읽고 나면 〈여덟 입〉의 딸처럼 자문하고 〈예쁜이수술〉의 화자처럼 자답할 수도 있겠다. 너는 내 몸이 싫어? 이건 그냥 내 거야.

*

뿌리 깊은 철학의 이원론은 물리적인 것과 정신적인 것, 몸과 마음 등 세계를 두 가지 상호 배타적인 유형으로 나누어왔다. 문제는 하나의 항이 나머지 항을 종속시키며 이분법적 위계질서를 구축한다는 점이다. 이원론이 주장하는 다양한 대립 쌍은 언제나 여성과 남성의 이분법으로 귀결되고, 남성은 정신, 문화, 이성 등과, '남성 아닌 존재'로서의 여성은 육체, 자연, 감정 등과 동일시되어왔다. 그만큼 여성과 몸은 하나가 되어 불완전하고 취약한 것, 그러므로 통제하기 어렵고 믿을 수 없는 것으로 오해받아왔다. 즉, 여성 혐오는 사실 육체에 대한 멸시와 공포와 맞닿아 있다.

여성이 글쓰기의 주체가 된다는 것은 그 유구한 오해를 바로잡는 일이다. 그러므로 늘 남성 글쓰기의 대상으로 머물러왔던 여성이 글쓰기를 시작했던 것이야말로 전복의 출발이라고 말할 수 있지 않을까? 나아가 여성이 자신의 이야기를 시작하면서 오직 신성한 숭배 대상 아니면 더러운 혐오의 대상으로 취급되어온 여성의 몸에 대해 목소리를 내는 일이야말로 전위 중의 전위라고 할 만하다. 여성의 수만큼이나 다양한 모습으로 존재하는 여성의 몸에 대해 제대로 말하는 것 자체가 전위가 된다니, 어처구니없는 일이 아닐 수 없다. '몸'이라는 단어 앞에 '여성'이라는 특정 성을 붙이는 것 자체가 이미 낡고 게으른 태도가 되어가고 있지 않은가.

오스트레일리아 여성학자 엘리자베스 그로스는 《몸 페미니즘을 향해》에서 몸 자체와 같은 것은 없으며 오직 '몸들'이 있을 뿐이라고, 즉 남성의 몸, 여성의 몸, 흑인의 몸, 갈색의 몸, 백인의 몸, 큰 몸, 작은 몸 등과 같이 그들 사이에 무수한 편차가 있다고 말한다. 다시 말해 몸이란 남성의 몸과 여성의 몸으로 양극화된 선적인 연속체가 아니라 인종, 계급, 카스트 혹은 종교 등이 몸의 특수성을 형성하는 이차원적인 연속체의 장으로 이해되어야 한다.

    모든 전복과 전위의 목적은 자기 폐기일 것이다. 여성이 여성의 시선과 사고에 대해, 여성의 몸에 대해 말하는 일이 더는 전복이 아니고 전위에 끼지도 못할 때까지 더 많은 여성이 쓰고 말해야 한다.

눈물을 심어본 적 있는 당신에게

초판 1쇄 발행 2022년 10월 21일
초판 2쇄 발행 2025년 8월 18일

지은이 이주혜
편집 나희영
디자인 원과사각형

펴낸곳 에트르
등록 2021년 11월 10일 제2021-000131호
이메일 etrebooks@gmail.com
인스타그램 @etrebooks

ⓒ 이주혜 2022

ISBN 979-11-978261-1-5 03810

이 책 내용의 일부 또는 전부를 재사용하려면
반드시 저작권자와 에트르 양측의 동의를 받아야 합니다.
잘못된 책은 구입하신 서점에서 바꿔드립니다.